中國研究：實踐與反思

China Studies: Practice & Reflection

李英明◎著

「亞太研究系列」總序

　　「二十一世紀是亞太的世紀」，這句話不斷地被談起，代表著自信與驕傲。但是亞太地區絕非如此單純，未來發展亦非一定樂觀，它的複雜早已以不同形態呈現在世人面前，在開啟新世紀的同時，以沉靜的心境，深刻的瞭解與解決亞太區域的問題，或許才是我們在面對亞太時應有的態度。

　　亞太地區有著不同內涵的多元文化色彩，在這塊土地上有著天主教、基督教、佛教、回教等不同的宗教信仰；有傳承西方文明的美加澳紐、代表儒教文明的中國、混合儒佛神教文明的日本，以及混雜著不同文明的東南亞後殖民地區。文化的衝突不只在區域間時有發生，在各國內部亦時有所聞，並以不同的面貌形式展現它們的差異。

　　美加澳紐的移民問題挑戰著西方主流社會的民族融合

概念，它反證著多元化融合的觀念只是適用於西方的同文明信仰者，先主後從、主尊客卑、白優黃劣仍是少數西方人面對東方移民時無法拋棄的心理情結。西藏問題已不再是單純的內部民族或政經社會議題，早已成為國際上的重要課題與工具。兩岸中國人與日韓三方面的恩怨情仇，濃得讓人難以下嚥，引發的社會政治爭議難以讓社會平靜。馬來西亞的第二代、第三代，或已經是第好幾代的華人，仍有著永遠無法在以回教為國教的祖國裏當家作主的無奈，這些不同的民族與族群問題，讓亞太地區的社會潛伏著不安的危機。

　　亞太地區的政治形態也是多重的。有先進的民主國家；也有的趕上了二十世紀末的民主浪潮，從威權走向民主，但其中有的仍無法擺脫派系金權，有的仍舊依靠地域族群的支持來建構其政權的合法性，它們有著美麗的民主外衣，但骨子裏還是甩不掉威權時期的心態與習性；有的標舉著社會主義的旗幟，走的卻是資本主義的道路；有的高喊民主主義的口號，但行的卻是軍隊操控選舉與內閣；有的自我認定是政黨政治，但在別人眼中卻是不折不扣的一黨專政，這些就是亞太地區的政治形態寫照，不同地區的人民有著不同的希望與訴求，精英分子在政治格局下的

理念與目標也有著顯著的差異，命運也有不同，但整個政治社會仍在不停的轉動，都在向「人民爲主」的方向轉，但是轉的方向不同，速度有快有慢。

　　亞太地區各次級區域有著潛在的軍事衝突，包括位於東北亞的朝鮮半島危機；東亞中介區域的台海兩岸軍事衝突；以及東南亞的南海領土主權爭議等等。這些潛在的軍事衝突，背後有著強權大國的利益糾結，涉及到複雜的歷史因素與不同的國家利害關係，不是任何一個亞太地區的安全機制或強權大國可以同時處理或單獨解決。在亞太區域內有著「亞太主義」與「亞洲主義」的爭辯，也有著美國是否有世界霸權心態、日本軍國主義會否復活、中國威脅論會否存在的懷疑與爭吵。美國、日本、中國大陸、東協的四極體系已在亞太區域形成，合縱連橫自然在所難免，亞太地區的國際政治與安全格局也不會是容易平靜的。

　　相對於亞太的政治發展與安全問題，經濟成果是亞太地區最足以自豪的。這塊區域裏有二十世紀最大的經濟強權，有二次大戰後快速崛起的日本，有七〇年代興起的亞洲四小龍，八〇年代積極推動改革開放的中國大陸，九〇年代引人矚目的新四小龍。這個地區有多層次分工的基礎，有政府主導的經濟發展，有高度自由化的自由經濟，

有高儲蓄及投資率的環境，以及外向型的經濟發展策略，使得世界的經濟重心確有逐漸移至此一地區的趨勢。有人認爲在未來世界區域經濟發展的趨勢中，亞太地區將擔任實質帶領全球經濟步入二十一世紀的重責大任，但也有人認爲亞洲的經濟奇蹟是虛幻的，缺乏高科技的研究實力、社會貧富的懸殊差距、環境的污染破壞、政府的低效能等等，都將使得亞洲的經濟發展有著相當的隱憂。不論如何，亞太區域未來經濟的發展將牽動整個世界，影響人類的貧富，值得我們深刻的關注。

在亞太這個區域裏，經濟上有著統合的潮流，但在政治上也有著分離的趨勢。亞太經合會議（APEC）使得亞太地區各個國家的經濟依存關係日趨密切，太平洋盆地經濟會議（PBEC）、太平洋經濟合作會議（PECC），也不停創造這一地區內產、官、學界共同推動經濟自由與整合的機會。但是台灣的台獨運動、印尼與東帝汶的關係、菲律賓與摩洛分離主義……使得亞太地區的經濟發展與安全都受到影響，也使得經濟與政治何者爲重，群體與個體何者優先的思辨，仍是亞太地區的重要課題。

亞太地區在國際間的重要性日益增加，台灣處於亞太地區的中心，無論在政治、經濟、文化與社會等各方面，

均與亞太地區有密切的互動。近年來，政府不斷加強與美日的政經關係、尋求與中國大陸的政治緩和、積極推動南向政策、鼓吹建立亞太地區安全體系，以及擬將台灣發展成亞太營運中心等等，無一不與亞太地區的全局架構有密切關係。在現實中，台灣在面對亞太地區時也有本身取捨的困境，如何在國際關係與兩岸關係中找到平衡點，如何在台灣優先與利益均霑間找到交集，如何全面顧及南向政策與西向政策，如何找尋與界定台灣在亞太區域中的合理角色與定位，也都是值得共同思考的議題。

「亞太研究系列」的出版，表徵出與海內外學者專家共同對上述各類議題探討研究的期盼，也希望由於「亞太研究系列」的廣行，使得國人更加深對亞太地區的關切與瞭解。本叢書由李英明教授與本人共同擔任主編，我們亦將竭盡全力，爲各位讀者推薦有深度、有分量、值得共同思考、觀察與研究的著作。當然也更希望您們的共同參與和指教。

張 亞 中

自　序

　　如果說，中國研究的實踐在這些年已經有了相當豐碩
的成果，那麼，下一個我們該努力的方向，或許便是針對
這些研究做出某些反思了。

　　中國研究在這些年來所展現出來的豐碩成果是有目共
睹，在質和量的要求上都具有相當亮眼的成績。中國研究
的內容與研究典範也都走出傳統的框架而具有相當程度的
改變，從議題的選擇、設定與討論，到研究方法、途徑和
典範的推陳出新，讓中國研究不再只是侷限於傳統的政
治、經濟、社會等範疇的單向度研究，而是交雜其他範疇
或向度所關切的議題；而不同典範的應用和對話和各種研
究模型的建立，更讓中國研究在實踐上具有一定水平的廣
度、深度，同時也更符合科技整合要求的跨領域研究。中
國研究一方面通過其他領域的研究典範、方法或途徑爲載

體來梳理與審視研究議題；另一方面也通過這種梳理與審視的過程發展和建構出新的研究典範、模型、方法或途徑。

當中國研究在觀察和分析議題的視野與角度不再侷限於傳統的理論框架和議題選擇，大刀闊斧的開創出新的研究水平與風氣時，我們必須以更宏觀的視野和更細膩的分析來面對這些研究，本書就是站在這種心態上，對人文社會科學在中國研究的實踐上做出反思，其實與其說對這些研究成果的反思，毋寧說是對作者自己研究過程的反思，也是對作者一路走來的「研究症候」的反思。

本書從「症候」的形成與在研究中所扮演的角色，開展出研究者對文本的審視、閱讀和建構是如何可能的，並且對意識型態、文本或是隱藏在研究者背後所有的種種自覺或不自覺的制約和建構提出反思。從文化研究的角度來看，所謂的客觀世界或文本的呈現其實只是研究者一種主觀的症候閱讀，是研究者（閱讀者）通過對語言符號的運用與建構才呈現出種種我們認知到的意義或價值。而這種主觀的「症候」表現通過研究者所研究的對象或文本出現在研究者的研究過程中，並且成為研究者認為是「真的」或「對的」、「客觀的」研究成果。亦即，當研究者過分執著於分析文本所表達或透露的訊息時，其實就忽略了隱

藏在研究背後的「症候」，而這種「症候」其實是研究者與文本在研究的過程中共同交織而成，這種「症候」的形成可以是時空因素的制約，也可以是研究語境的制約，甚或就是研究者個人的因素。因此，在「症候」的制約下，研究者研究出來的成果，並不是代表一種絕對的真理或答案，而是可以具有百家爭鳴似的討論與對話的空間。

書中所提到的一些先進或學者，都是我相當推崇與尊敬的，也由於這些先進和學者的著作幾乎都已經可以被當成是中國研究中的典範或經典，所以成為我開展論述的文本。本書嘗試從一個不同的位置（典範）出發，點出這些經典著作尚未彰顯的面向，當然，這完全無損於這些著作的研究價值和經典地位，這一點是我們必須認知到的。

本書的完成，要感謝賴皆興同學的整理校對，以及賴欣儀、陳昱豪、鄭文翔、林彥廷同學的編排打字，同時要感謝生智文化的葉總經理以及閻副總編的幫助。一本書的出版，總是希望能引起更多人的共鳴與討論，希望各位先賢能不吝指正賜教。

李 英 明

目　錄

第一章
主體、症候、因果觀的思考：
人文社會科學的反思

一、對主體的反思

我是誰？這個世界是什麼？

這些基本問題一直糾纏著我們，而我們也努力地試著從各種不同角度去回答或進行反思。這也許是作為人的苦惱，但也可能是呈現作為人的意識表現。

「我是誰？」中的我可以是活生生的個人，也可以是團體、組織甚至是國家。由此所延伸出來的問題是，到底能否問這個問題，或者說，我到底存不存在，或者與我相關的所謂主體到底存不存在；而與此面向相對峙的提問是：我如何可能存在，或主體如何可能存在。

「這個世界是什麼？」這個問題其實是由「我是誰？」遞延出來的問題；不過，當然「我是誰？」這個問題往往又可以從「這個世界是什麼？」這種問題中去求解。若將這兩個問題放在一起思考，馬上浮現的最直接喜悅的問題是，我或主體與這個世界的關係為何？或是說，我或主體與這個世界是如何被構連或連接？這種關係或相連或連接，可以是經濟的、文化的、歷史的、社會的、意識形態的、話語的、符號的，或者也可以從結構主義、整體主義

或個體主義甚至是心理主義的各種角度來加以掌握。此外，這種關係或相連或連接，也可以被視為是客觀或主觀或主客互參互滲的。而夾雜在這些分析解釋之中，又會延伸出諸如決定、制約、作用、自主性、相對自主性、實踐、鑲嵌（embedded）等這些問題，從這些問題再遞延出來的是，我或主體到底如何去觀看、體驗、掌握、詮釋或建構這個世界。當然，追到底一定會碰觸到本體論的問題。

二、幾種不同的因果觀

不過，在這裏我們的論述暫不著重去討論世界的基本單位或組成元素這些基礎的本體論的問題，而是要去看世界是如何展現或運作的。面對這個問題，馬上浮上人們眼前的是，世界的複雜豐富性與我們有限的形體或軀體的鮮明強烈的對比。這種鮮明的對比對人而言，既是制約，但同時又具有使動（empower）的作用，促使人努力地想要跨越這個鮮明的對比。

而直線式或彈子球式的因果觀是人上述努力的結果之一。這種因果觀，非常直接素樸的呈現人對確定感或秩序感的追求；它對於人們由於世界的複雜豐富所延伸出來的

無常或甚至無序所引發的焦慮不安，起了相當大的安頓作用。這種因果觀企圖賦予這個世界中的事件、人或各種行動體的行動之間關聯的客觀性，從而甚至強調因果關係是這個世界的客觀法則或秩序。它是不依人的意志而轉移的；人充其量是或必須是因著客觀的因果法則或規律順勢而為。

當然，這種因果觀也是具有某種「解放」意涵的，讓人們從本體論式的本源中心論（logocentricism）或第一因的因果觀中解放出來；不過，它卻又讓人們受制於因果的客觀性的宰制之下，似乎又相對的弱化或壓抑人或行動體的自主性。

不過無論如何，直線式或彈子球式的因果觀，強調從過去或當下的「現實」中，而不必從超越現實的形上的角度去找事件或現象之所以發生的原因。這種因果觀雖然不像還原主義那樣把事件或現象都歸諸於某個基本或基礎的原因或因素，但其背後所表現的「事出必有因」的客觀必然性設定，離還原主義其實並不太遠；而且這種直線或彈子球式的因果觀，從非共時性的角度去讀因與果的關係，基本上賦予了「原因」的宰制支配地位。此外，這種因果觀先把因與果視為兩個獨立的範疇，然後再談因對果的支

配和決定，這是一種外在主義的——因獨立於果之外——因
果觀。

　　在另一方面，從所謂現實出發，同樣也想避開形而上
或本體論式的本源中心論或第一因的因果觀，但卻很明顯
的表現為還原主義的是一種叫作表現式的因果觀
（expressive causality）。這種因果觀將現象或事件視為都
會以它們自身的方式來表現（達）某一現實的因素，如經
濟、階級、文化或時代精神等等，這種因果觀當然是比較
整體主義式的，預設了一個歷史或社會總體。從這種整體
主義的角度觀之，這種因果觀已像上面直線或彈子球式因
果觀那樣是外在主義的因果觀，而已算是一種內在主義
——因與果都內在於一個歷史或社會總體——的因果觀。此
外這種因果觀就如前述，雖然立基於現實而且想避開形上
的本體論式的本源中心論的侷限，但是這種因果觀所表現
出來的本質主義（essentialism）色彩，其實是非常鮮明的。

　　與這種表現式因果觀僅僅只隔著一層薄紗的是弗洛伊
德（Freud）所揭櫫的潛意識或無意識的因果觀。這種因果
觀指出，人或行動體的行動或行為或表層的種種症候，都
在表現深層心理中隱匿的無意識[1]。儘管這種因果觀根源於
心理分析，似乎具有個體主義的色彩，但是這種無意識因

果觀其實可以銜接個體主義和整體主義兩種方法論的分析途徑。在我們的生活世界中或行動行為中，我們非常自然不加思索的，甚至渾然天成的表現，可能就是某種文化結構或意識形態的呈現，這些文化結構或意識形態對人而言變成不自覺的、無意識的自然存在，從而也就以無意識的狀態隱匿在人的內心深處，亦即它們以無意識的方式對人產生影響和作用，人從而也就內化了文化結構或意識形態。

我們為何說無意識的因果觀與上述表現式因果觀僅隔了一層面紗？因為表現式的因果觀強調表象是在表現某種更為深刻的、基礎的，或更為根本的東西，或者說表象是以這樣的根本的東西作為終極隱蔽的或無意識的把握。而不管是無意識的因果觀或表現式的因果觀，不只都具有還原主義的色彩，而且也都避免不了會重新向本體論傾斜。

不管是直線式因果觀、表現式因果觀或無意識因果觀，其實都指向一個有趣的方向：事件、事物或人的行動行為和表現，必須透過「他者」才能獲得分析、掌握和理解；而從這個方向延伸，我們似乎可以說，人是必須透過「他者」來獲得呈現的。

另外一種因果觀，我們可稱為有意識的因果觀或叫作理性選擇的因果觀。這種因果觀的主敘事更在強調，事件、

現象或人的行動行為都是人的自覺有意識的理性選擇的結果。這種因果觀當然相當程度的凸顯人的主體性或自主性，人可以通過理性選擇去行動行為，去形塑自己、去和他人互動、去導引這個世界、去建構這社會。這種因果觀，乍看之下，似乎給人的感覺是：人不必通過他者來呈現。但仔細細究的話，我們還是會發現，這種因果觀告訴我們人是通過理性來呈現。理性對人而言也可以是「他者」，因為如果我們再追究理性為何物時，我們就有可能要以作為「他者」的東西來加以說明；或者說在這樣的時候，理性還是必須通過「他者」來加以呈現。而如果我們想要企圖避免這種「他者」化的困擾，或許我們就必須強調，理性是人自給自足的生命能力，它是一種給定的（given）東西；這樣的強調，可能陷入套套邏輯（tautology）的循環論證之中，而且如果我們再追究理性為何是一種人的被給定的東西時，我們可能又要再度陷入「他者」化的困擾之中。

三、直線因果觀的論述與反思

　　直線式或彈子球式的因果觀，強調因果關聯具有不依人的意志而釋放的客觀性。不過，這種「客觀性」之所以

為「客觀性」，是因著人的認定和強調而呈現的，亦即「客觀性」之所以為「客觀性」，是人所賦予的，是通過人才成為可能的；亦即，其是依託或鑲嵌在人的認可和承諾之上的，是人希望讓原先是破碎、零散的、偶然的事件或事物關聯起來，這是人類尋求確定感和秩序感的一種表現。法則或理解是人賦予這個世界的，或至少是通過人才呈現它們的意義的。若從這個向度再延伸下去，我們可以說，因果關聯作為一種接合或連結，它不是自然而生的客觀的發生，而是通過人或種種的個體或行動體的算計、行動或實踐才成為可能的。而且，因與果本身就是人或種種的個體或行動體的算計、行動或實踐，它們之所以會連結在一起，又是通過人或種種的個體或行動體的算計、行動或實踐的形塑的情境脈絡（context）為中介，而因與果的連結又可能牽動這樣的情境脈絡的變化；講得更白點，因與果的連結充其量只是如此這般的情境脈絡中的一環而已。

亦即，因與果之間絕不是通過一個叫作「客觀的」這樣的作者或中介者而連結在一起的，它是通過人或行動體的實踐，以及因著如此這般的實踐所形成的情境脈絡而被連結的，更何況歷史只能以文本的形式呈現在我們面前或接近我們。因與果都是歷史文本的一環，或直接來說就是

歷史文本，因與果的關聯或連結是我們使它們文本化
（textualizatism）的一種表現，或者說是使他們能夠被敘事
化的一種呈現。因與果之間是通過以人的話語爲基礎的論
述或敘事爲中介而被關聯起來的；講得簡單一點，人是因
與果連結的作者；講得繁雜一點是人通過敘事或論述，使
因和果文本化，從而將它們關聯起來，而當人這麼做時，
人也使自己進入歷史文本中，或者把因與果直接和人所關
聯的語境、當下文本或無意識的結構連結起來。所以，促
使因與果關聯起來的那個所謂「客觀的」作者是人，它並
不是不依人的意志而轉移的。

　　面對因與果關聯在一起這樣的文本，每個人既是讀者
同時也可以是作者，重新以不同的語境賦予這種關聯新的
意義，或拆解原先的關聯，使它們不關聯，或加速其他的
關聯。因與果關聯在一起這樣的文本一經完成，它就反身
過來與自覺或不自覺的作者或中介者分離，具有其一定的
獨立性，從而就有可能被視爲客觀的存在，甚至因此而成
爲某種形式的意識形態，並且通過人無意識的產生作用。
因此，捍衛或堅持某種或某些因果關係，可說是意識形態
發生作用的症候，或者說是涉及對歷史解釋的主導權的爭
奪，這是一種話語權力的競逐與表現。

　　直線式或彈子球式的因果觀，如前述是一種歷時性的
觀念，相對缺乏空間向度和情境脈絡向度的支持，不過它
總是想讓事件、事物、歷史或這個世界，不管過去、現在
甚至未來是可以被掌握和理解的；這其實也是人安身立命
的一種方式，希望分散的、零碎的事件和事物能夠關聯，
甚至達成一個整體，從而讓人從中獲得安頓。而且，將其
視為一面鏡子，讓人能夠通過這面鏡子反觀自身，以史為
鑒，通過所稱客觀的歷史之鏡，來觀照自身，以使瞭解我
是誰，我將如何自處；客觀的因果關係成為他者，通過這
個「他者」來形塑和建構「我」。

　　此外，由於缺乏空間向度的關照，直線式或彈子球式
的因果觀其實是非常抽象的。阿爾都塞（Louis Althusser）
的多元決定論基本上算是對這種抽象因果觀的糾編；其主
要的論述意義在於強調，事件、事物或個人、行動體的行
動是在結構情境中發生的，或換句話說，是鑲嵌在結構情
境之中。多元決定論與直線式因果觀的差別不在於多個或
一個因決定、制約或促使果發生或出現，而在於因與果是
共同內在於結構情境之中，這是從外在主義因果觀向內在
主義因果觀的轉折。促使果存在或出現諸多的因，其作用
影響力或許有次第性或大小之別，不過這些因彼此之間因

緣際會通過果而被關聯在一起，並且爲結構情境注入新的
內容，或促使結構情境的變化，果是諸多因之所以能夠連
結的關鍵或結點。因此，阿爾都塞的多元決定論的啓發應
該是在告訴人們，因果關聯是一種網絡結構，果使諸多的
因獲得接連，從而繼續成就結構情境的演變發展，而這種
網絡結構或結構情境又繼續透過所謂諸多因素爲中介產生
影響和作用而形成「果」，果是結構情境制約、決定或作
用影響效應的一種呈現。

　　多元決定論凸顯因果關係是在網絡結構中才成爲可
能，而因果關聯又反過來成就網絡結構這樣的整體。這樣
的過程，當然顯示了網絡結構的制約性，同時也顯示了網
絡結構的使動性；在另一方面也顯示了因果關聯的相對自
主性，讓結構網絡通過它們繼續成爲整體。此外，這樣的
過程如果不論爲結構決定論或結構還原論的話，就必須凸
顯多元決定的進行。其實就是以人和種種的行動體的實踐
爲基礎。亦即，多元決定論應該是以上述的實踐爲中介的
多種因素相互連結並且產生作用影響效應的過程。從這個
角度來看，多元決定論也是在講網絡結構和人與行動體之
間相互構成的過程和關係。

　　另一方面，直線的或彈子球式的因果觀，在忽略網絡

結構的同時，把事件、因素或事物的關聯看成是一對一個
對應，這種觀點無論如何也是一種還原主義，其最大的問
題是會讓人在觀照現象或歷史時往往會掛一漏萬。多元決
定論當然具有避免這樣的還原論的意涵，而且直線式因果
觀或彈子球式的因果觀，容易讓人認為歷史或現象是事
件、因素或事物間正向的對應關係的呈現，而忽略掉不對
應的矛盾關係的重要性。這也就是說，因與果之間不是絕
對的對應或不對應，一個現象、事件的發生是諸多對應與
不對應關係共同連接而成的結果；而這過程又牽動以及建
構了網絡結構這個整體或總體。因此，多元決定論另一層
意義主要在告訴我們，網絡結構這樣的整體或總體是由種
種對應和不對應（或矛盾）關係連接起來建構的[2]。

　　不管是對應或不對應的關係，可以具有政治、經濟甚
至是意識形態等層面的意涵，對應、不對應或叫因果關係
的意義是通過政治、經濟或意識形態而被表述的，亦即這
些關係具體的來說就是權力、利益、認知、信念等交織而
成的。分析的來講，它們可以呈現不同層面的意義，但是
絕不可能將它們只是還原為某個層面來加以掌握，而這些
多層面交織而成的關係，為何能夠連接起來，總的來說，
如同上述是通過人的實踐，但更具體的來說，是通過話語

來實現，話語可能來自於自覺或不自覺的語境或更重要的是來自於意識形態。通過語境或意識形態，這些關係不只連接起來，而且變得可被理解，甚至可以不斷再被生產。

因此，對應、不對應或因果關係的連接，可以涉及到人群集團企圖通過這些連接，去主導整體或總體的內容或內涵，掌握總體或整體的發展方向；亦即人群集團通過上述這樣的過程，讓自己成為社會的主體，而在這種社會主體地位的爭奪過程中，其實也就涉及了統治與從屬關係的消長和變化。而這也就是說，對應、不對應或因果關係的連接，是在人群集團間關於如何形塑建構總體或整體的權力、利益和意識形態的競逐過程中展開的。對應、不對應或因果關係，既不是「必然」的對應或不對應，但也不是一種任意的串聯，因為其中涉及到統治和從屬的關係；滲透在這樣統治和從屬關係中的話語和意識形態運作，成就了這些對應、不對應或因果關係，這些關係既是權力和意識形態的關係，更是一種話語關係。因此，這些關係可以隨著權力、意識形態或話語關係的變化而重新被連接。如果順著這個方向再讀下去，我們或許可以說，對應、不對應或因果關係仍是表現權力、意識形態或話語的一種症候。

四、其他因果觀的思考

前面所論及的表現式或弗洛伊德式的因果觀，雖然具有明顯的還原主義色彩，不過，它們倒是點出了一個有趣的話題：事件、事物和人以及行動體的選擇和行動，其實都可能是種種的症候，都是在呈現一個隱蔽的深層的「制約」或「決定」的力量；或者說，都只是在指扮演隱蔽的深層的「制約」或「決定」力量的代理者的角色，隱蔽或深層的力量通過林林總總的代理者或症候來展現它們的制約，決定或影響作用。如果從這樣的方向走下去，或許我們可以說，人就是一個症候[3]，或至少是呈現症候的中介，展現權力、意識形態或語境的制約、決定或影響作用。此外，我們甚至還可以說，歷史也是一個症候，對應、不對應或因果關係都是一個症候，而由這些對應、不對應或因果關係的連接而成的總體或整體更是一個症候；如果，走到這樣的地步，我們當然可以說，症候是一種本體，歷史中的種種文本，都是在書寫或呈現這些林林總總作為本體的症候。

自覺或不自覺的受權力、意識形態或語境的制約的作

用，就會有不同的提問方式，對某些領域或觀點加以強調，
而對某些領域或觀點視而不見。我們經常說，某人或某團
體看問題論事情有盲點或有某些著重點，其實都是在說某
人或某個團體的症候，而我們對某人或某些團體做這樣的
評論時，我們可能具有和它們相同的症候，或不同的症候。
不同文本和論述之間，基本上是不同的提問方式以及由此
所延伸而來的不同領域之間的競逐，或者可以直接說，是
不同症候之間的相互對映；而不同症候所導引出來的文本
是一種顯性的文本，或可叫作現象文本；不過，這樣的顯
性或現象的文本的形成，基本上展現了深層隱蔽的力量影
響制約的生成過程[4]。

　　從這樣的角度來看，表現式的或無意識的因果觀，其
實又點出了另一個有趣的話題：事件、事物和人以及行動
體的選擇和行動，都不是可以直接看到的，或者不是如我
們直接看到的那樣。這樣的話題要挑明的是，這兩種因果
觀，基本上都傾向於反對直觀觀看的途徑，或者說都反對
某種素樸的視覺主義或可叫作「看」的主義。這也就是說，
這兩種因果觀都傾向於要我們不要停留在可「看」或可「見」
的閱讀或觀察水平上，而必須讀出或觀察出無法看或見的
地方[5]。直線式的或彈子球式的因果觀，基本上是以一種直

觀的視覺主義爲依據，希望人們進行可「看」或可「見」
的關係或觀察，這是這種因果觀之所以會吸引人之處；不
過，同時這也是這種因果觀經常遭人批評之處。而表現式
的或無意識的因果觀，要人們讀出或觀察出無法看見的地
方的同時，其實也就是要人們進行症候式閱讀；這種閱讀
本身既然不是直觀的，從而也就可能具有批判或反思的意
義，這種閱讀要人們讀出或觀察出無法看見的地方的同
時，雖然如前所述可能含有還原主義的問題，但是卻可能
導引人們去揭露種種文本中的權力、意識形態和語境的關
係，這意味著把文本中隱蔽的東西表現出來，這不是對文
本的客觀接受，而可能是對文本的再生產和再建構；至於
這種批判、揭露和反思之所以可能是以不同的問題提問方
式的出現作爲基礎的，而這就不只是文本的再生產和再建
構，也是歷史的再生產和再建構。

不過在這裏強調上述這兩種因果觀可能具有的批判和
揭露意涵，容易予人某種混淆：一方面依前面所述，將人
視爲症候；而另一方面依上一段所述，好像又可以將人視
爲主體。其實應該說是問題的提問方式將人表現爲主體，
而這樣的主體又表現出不同的視域、角度或忽略某些角
度，甚至視而不見等症候。主體基本上是問題提問方式的

載體，或者講白一點或激進一點，問題的提問方式以人這
個主體爲中介或手段或工具來表現。人如果還是要稱爲主
體，那麼這個主體是被問題的提問方式所架著或綁著的[6]。

　　亦即，上述這兩種因果觀，不會將事件、事物或人的
行動還原爲什麼東西，或某種無意識的表現；其實，這樣
的還原都是將閱讀分析還原到問題的提問方式上來；這也
就是說，這種還原就是問題提問方式的提出，這種還原就
是要人們成爲問題提問方式的載體，然後通過問題提問方
式去閱讀分析，讓看得見的部分通過看不見的東西而獲得
意義和理解，並使兩者獲得結合。當然，這兩種因果觀的
還原主義，很容易導引人走入誤區；以爲看得見的部分的
意義，可以通過看不見的單面而獲得完全的呈現和被理
解；看得見的部分通過看不見的魔幻之鏡看清了自己、理
解了自己。

　　在上述這兩種因果觀中，如果還有主體的話，應該算
是作爲症候的主體，這種主體是被架著走或綁著走的主
體，有如布袋戲或傀儡戲般的各種角色，這種主體或可稱
爲代理性的主體或可叫作僞主體[7]。

　　在直線式或彈子球式的因果觀中，一個號稱「客觀的」
的作者替代了人這個主體，人的角色是去發現這個「客觀

的」作者所創造出來的客觀的因果觀過程，從而被統攝在或淹沒在這個客觀的過程中，並通過這個過程來反觀自身；這種因果觀忽略了我們之所以把因果關聯看成或當成是客觀的，這或許也是一種無意識的表現，亦即這也是一種症候。而這種因果觀要求我們在把因果關聯當成客觀的同時，從而確保我們的閱讀是清白的（無涉及價值判斷）或無辜的；確保或確認我們是清白的或無辜的，這其實就是一種症候表現，它是在呈現一種客觀主義或科學主義的提問方式。

五、主體、症候與因果觀

通過以上的論述，我們似乎看到了一個有趣的現象：各種因果觀似乎都可以指向宣稱主體的死亡或不在場；以他者爲鏡，才有相對的我或主體的鏡像的存在，或才能形塑建構我或主體。我或主體不是被天生給定的。我或主體是一種動力場或載體，它可以讓各種話語、意識形態和權力通過它來運作，從而從中展現出我或主體。我或主體可以是虛無，但作爲種種症候，它們又可以是任何東西。

傳統笛卡兒的命題告訴我們，我思故我在；經過這個

命題延伸下來，我們或許更可以說，我思、我寫、我說，故我在。思、寫、說被視為我在的保證。但我們可以繼續追問，為何我能思、能寫、能說，要回答這個問題，我們或許可以套套邏輯式的回答說因為有「我在」；不過，這種回答除了邏輯上有問題外，只要是從人的所謂被給定的生命稟賦來回答，這是一種非常抽象的回答。思、寫、說的方式、角度和內容，不是天生就被給定的，而是後天被形塑的；是人鑲嵌在各具特色的語境或社會、歷史、文化脈絡情境中，被建構出來的。從這角度看，思、寫、說是體現了這些語境和脈絡情境，它們可以說是作為種種的症候而存在的。這也就是說，是種種語境和脈絡情境讓我能思、寫、說，甚至是看；若順此再延伸下去，我們可以說，是語境和脈絡情境在思我、寫我、說我甚至是看我，種種體現語境和脈絡情境的症候造就了我甚至是主體。

不存在抽象的我或主體，光是人的天生給定的稟賦，不會成就我或主體，天生的稟賦只是一種載體，承載或體現了種種後天的症候，然後我或主體才不斷形成；這也就是說，我或主體不是一次完成的，它是一個不斷被建構的過程，在這樣的過程中，它作為不同症候的展現，從而也有不同的面貌。從這樣的角度來看，或許我們會說我或主

體已經死亡；不過，我們要強調的是，確實可以宣告抽象
的「我」或「主體」的死亡，但是以天生生命稟賦為載體，
從而展現不同症候的我或主體，卻不會死亡。本質主義式
的抽象的「我」或「主體」的死亡，恰好成為展現各種症
候的具體的我或主體存在的保證。

　　以上這樣的論述，如果換另一種方式來講，就是說我
或主體，是一種社會、歷史或文化現象或範疇，而就如前
述不是抽象的。透過他者來展現我或主體，或者作為承載
他者的載體，來展現他者制約下的症候來展現我或主體，
而不管作為承載他者的載體或通過他者，這都必須要以人
的實踐作為中介或連接；這也就是說，作為他者制約下的
症候，必須不管自覺或不自覺，以人的實踐為橋梁，而作
為症候去選擇和行動，這正是人的實踐的表現，所以人的
實踐也不是抽象的，它本身也是一種社會、歷史或文化現
象或過程，通過它，人可以和他者接合，或和社會、歷史
或文化，或語境和脈絡情境連接；而這也就是說，通過它，
人可以被連接進入種種的整體或總體中，然後才不斷呈現
我和主體。如果由此再延伸下去，我們可以說，是具體的
人的實踐所促成的種種連接，不斷讓我和主體成為可能；
而這些種種連接不只讓實踐繼續成為具體的，同時也讓我

和主體繼續成爲具體的。

　　不管什麼樣的因果觀，其實都是人企圖將人、事、物連接起來的一種表現，這是人的實踐的展現。通過這樣的實踐，人企圖以種種形式的連接來形塑這個世界，從而理解我或主體爲何物。當然不同的因果觀，依據的是不同的提問方式，看到的是不同的視域；而這些不同的提問方式或視域，所呈現的就是不同的我或主體；而且，不同的因果觀所表現的就是不同的症候，而其中又必須靠人的實踐爲中介，將人和不同的因果觀接合起來。人作爲症候，有不同的症候源，而對這些症候源，有的可以意識到，有的無法意識到；人是林林總總、大大小小甚至是有次第性的症候源的匯合處，人必須自覺或不自覺的去連接這些症候，從而去展開選擇和行動。

　　因果觀是一種世界觀，同時也是一種對自我和主體的理解。世界觀，對我和主體的理解是一種症候表現，我和主體也是一種症候；不過，這正可表現我和主體不是抽象的，在作爲症候以及表現爲一種症候的同時，人的實踐展開運作，並且不斷去形塑我和主體，甚至又可能將自己又和不同的症候連接起來。

註 釋

1 張一兵，《問題式、症候閱讀與意識形態——關於阿爾都塞的一種文本解讀》，北京：中央編譯出版社，2003，頁 79。

2 蕭俊明，《文化轉向的由來》，北京：社會科學文獻出版社，2004，頁 242-243。

3 張一兵，前揭書，頁 79。

4 張一兵，前揭書，頁 77。

5 張一兵，前揭書，頁 75-77。

6 張一兵，前揭書，頁 83。

7 張一兵，前揭書，頁 86。

第二章
意識形態研究途徑：兼論舒曼
（Franz Schurmann）的著作

對現象進行意識形態的分析，在我們的現實生活中其實是非常有必要的，但長期以來，卻遭到誤解或漠視，其中原因很多，以相信存在一個客觀的世界，從而使我們可以獲得有關這個世界的客觀中立的知識這樣的客觀主義或客體主義，是主要的原因。

一、馬克思的意識形態論述

在此，我們暫且先不評論客觀主義或客體主義，但至少要先提出，其實客觀主義或客體主義本身也是一種價值判斷，甚至是一種意識形態。從馬克思將意識形態看成是對真相或真實社會關係的掩蓋或扭曲，進而對意識形態建構了負面的批判性的意涵以來，幾乎已經成為人們理解意識形態的主要依據之一。儘管馬克思從階級的格局以及以階級為主體的社會生產關係來談意識形態，賦予了意識形態鮮明的階級主義和政治經濟學的意涵；但是，在馬克思的論述中，意識形態主要還是一種觀念的複合系統，儘管這種系統是作為依統治地位的物質生產關係的反映或呈現。

不過，馬克思強調意識形態是對真相或真實關係的掩蓋或扭曲。在某種意義上，其實已經指出，意識形態所具有

的對現實世界的建構作用，在掩蓋扭曲的同時也就是對現
實世界的建構，或者說是再現。此外，值得特別指出的是，
馬克思指出意識形態對其真相或真實關係的扭曲，其背後
似乎仍然設定對所謂真相或真實關係的期待，以及對一個
理性的世界或社會的期盼。

　　馬克思雖然將意識形態與階級和物質生產關係掛在一
起，但是並沒有處理意識形態具體被建構和操作的機制，
讓意識形態似乎變成是因著階級和生產關係而自然存在或
自發形成的觀念複合體。我們可以稱這種的意識形態理論
為自在的意識形態理論[1]，而這種自在的意識形態基本上被
當作是體現意識的觀念體系。

　　不過，在馬克思有關意識形態的論述中，涉及到意識
形態的作用問題時，基本上是通過階級無意識的方式來
談；亦即，馬克思傾向認為，意識形態是通過階級結構，
這也就是說，意識形態經常以被人視為天經地義的、自然
而然的、既定的，並具有普遍性價值或不能以及不必質疑
挑戰的東西，其所呈現可能是人們不知道是受意識形態的
影響，但是他們卻在照著做[2]。

　　馬克思的意識形態論述，由於扣緊階級取向談，不只
已經談到，意識形態是階級意志的體現，而且也觸及到意

識形態形成的基本原則，認爲階級利益的維護是意識形態之所以形成的現實基礎；而維護某階級利益的同時，意識形態就會去壓制其他階級的利益，以及掩蓋在維護階級的同時所造成的階級壓迫和剝削，這就使得意識形態的形成不只和階級利益而且也和階級權力的運作關聯在一起。所以，就馬克思來看，意識形態不止是觀念複合體，它還會涉及具體的利益和權力；從這樣的邏輯來看，觀念複合體不只是意識理解的體現，還是具體的利益和權力。

從上面的論述可知，馬克思其實已經點出從社會學或政治經濟學的途徑去掌握理解意識形態。而顯然馬克思認爲意識形態是對現實關係或真相的掩蓋或扭曲，但馬克思在談意識形態的無意識作用時，其實已經道出，意識形態對現實關係或真相的掩蓋或扭曲，並不會讓人感受到故意性或刻意性。

此外，馬克思其實還指出，意識形態在掩蓋現實關係或扭曲真相的同時，還會將諸如階級或集團利益這樣的局部利益，說成是社會的或甚至是整體人類的利益；這樣一來，就意味著將人們的意識或認知和某種超越現實甚至可以說是具有形而上意義的理想相連結，從而使人們甚至可以形成某種超越的美感的想像[3]。亦即，如果意識形態只是

掩蓋或扭曲現實關係或真相，那麼就不可能通過無意識的方式來作用影響人；而必須能夠激發人們的美學想像或意識，才有可能讓人們對意識形態對於現實關係或真相的掩蓋或扭曲視而不見，或無動於衷。

意識形態在維護階級利益時，可能會變成階級意志的體現，或者說階級認同的展現；而意識形態在將局部或特殊利益普遍化時，可能就在爲階級統治建構或形塑正當性的基礎。至於意識形態通過激發人們的美學意識，從而將人們與理想的目標或形而上的想像連結起來時，就可能賦予階級的神聖超越性。

馬克思強調意識形態對於現實的扭曲或掩蓋，這似乎在談意識形態具有刻意性或某種特殊的意向性；但是又如前述，馬克思又著重意識形態的無意識性，這似乎又在凸顯意識形態的非刻意性。在這裏就浮現一個問題：意識形態如何會從刻意性發展成非刻意性或無意識性？馬克思在有關意識形態的論述中，並沒有處理這個問題。

此外，馬克思顯然通過無意識性談意識形態有可能會被當成天經地義的，自然的、給定的或普遍的，但馬克思並沒有將意識形態永恆化，基本上他認爲，隨著私有財產的被取消，階級會趨於消亡，從而會導致意識形態的消亡。

亦即，在馬克思的論述中，是不會通過將意識形態永恆化，從而將意識形態本體化，將意識形態視爲人的生存或歷史社會發展之所以可能的基礎。

其實，馬克思在談意識形態可能將局部利益或特殊利益普遍化時，也在談意識形態是如何被建構的。若我們順著馬克思的論述邏輯發展下來，我們可以說，當一套論述將局部或特殊利益普遍化時，它其實就在進行某種「類主體」的訴求，因爲，它會宣稱是爲了爭取整個社會，全人類或整個世界的領袖或利益，這是一種類主體的標榜；顯然有了類主體的標榜不見得就可以建構完成意識形態，但是如果沒有類主體的訴求，基本上是無法成就建構意識形態的[4]。不過，講得更細緻點，一套意識形態之所以爲意識形態在於它能動員制約影響──不管是意識或無意識的──人。雖然我們可以如上述所說，馬克思似乎已經談到通過類主體的訴求可以建構意識形態，但是對於意識形態爲何能夠動員制約影響人，馬克思基本上並沒有真正觸及。

二、阿爾都塞的意識形態論述

阿爾都塞（Louis Althusser）發展了馬克思的意識形態

論述，並且回答了上述馬克思所沒回答的問題；不過，當他努力地在回答上述那些問題時，他已經從馬克思主義滑向非馬克思主義，特別是投入了拉康（J. E. Lacan）的懷抱中。阿爾都塞將意識形態永恆化，甚至將意識形態本體化，意識形態被視爲人之所以爲人，甚至歷史社會之所以可能的基礎；在這個論述的傾向上，阿爾都塞幾乎就和馬克思告別了[5]。

　　前面曾經提到類主體的訴求是意識形態建構的必要條件；不過，通過類主體的訴求對意識形態的建構只能算是走了一半，或只能算是半套；阿爾都塞認爲通過類主體訴求建構起來的意識形態反過來會或必須能夠在個人中徵召主體或將個人改造或轉變爲主體，亦即宣稱個人爲主體或將個人建構爲主體，讓個人相信自己是自主的，可以當家作主的去爲類主體（社會世界、人類）的福祉利益而當所實踐。

　　通過意識形態的詢喚（interpellate），將個人傳喚到場，個人被徵召爲主體或被改造轉換爲主體[6]；這是意識形態之所以會制約影響人的關鍵所在。但說更細緻點，我們與其說意識形態制約影響人，倒不如說個人必須被意識形態詢喚，通過意識形態成爲主體；亦即人作爲主體通過意識形

態成爲可能，或才具有意義和內涵。個人的一生都是通過
這個或那個意識形態成爲建構這樣或那樣的主體；這也可
以說是，人要做爲，他的一生永遠都不是「自己」在宣稱
或說話，而是被意識形態所宣稱或所說。

通過阿爾都塞的論述邏輯，我們可以進一步說，通過
意識形態將作爲主體的個人與類主體連結起來，從而促成
個體與總體的結合，讓個人不只被建構具有主體性還具有
總體性，甚至還可能使人相信，個人可以在爲類主體的福
祉利益奮鬥實踐時，是可以改變總體從而展現主體性的。
不過，必須強調的是，意識形態其實是通過類主體的訴求
去詢喚個人使其成爲主體，亦即人通過意識形態成爲主體
並被統攝到總體之中；人要成爲主體，並且向總體回歸，
必須通過意識形態，意識形態將人作爲主體和人向總體回
歸連結起來。意識形態所實現的不是單純的強制，而其實
是讓個人自動的臣服，在成爲主體以及向總體回歸中，個
人融入意識形態中，或讓意識形態進入人的生活和生命
中，人與意識形態之間實現無意識式的結合關係，人沒有
或不會有被意識形態支配或刻意影響的感覺。通過以上的
論述，我們或許可以說，是人需要意識形態成爲主體或向
類主體和總體回歸，而不是意識形態去強制人接受它。人

需要成爲主體，但要成爲什麼樣的主體，是必須通過意識形態來實現。人要成爲主體，使意識形態成爲必要；反過來，意識形態使人作爲主體成爲可能。這也就是說，人要成爲主體或作爲主體，並不具有本質的、固定的規定性，而是通過意識形態來呈現意義和內涵的；或者，我們也可以說，人作爲人，並沒有本質的內在規定性，而是通過意識形態才具有這個或那個的特徵、屬性或症候，或才具有自我的認同或對總體的歸屬。

阿爾都塞有關意識形態的論述告訴我們，人是意識形態的人，或人天生就是意識形態的人。人通過意識形態建構自己，這在一方面可能具有反本質主義的意涵；但另一方面，卻因爲很容易如上所述將意識形態本體化，而可能使意識形態成爲人之所以爲人的某種本質。

三、意識形態與主體的辯證

在前面曾提及，馬克思揭櫫了無階級的共產主義社會這種超越現實的理想標的；儘管馬克思強調這個標的是可以通過取消私有財產這樣的過程來實現，但和他同時代其他社會主義所揭櫫的那些脫離現實的烏托邦的藍圖是不同

的；不過，無論如何，還是具有目的論的色彩，把共產主義社會當成人類社會發展演變的歸宿。從而將人和超越現實的標的連結起來，激發人具有形而上意義的美學意識；也許，這種美學意識是人願意獻身的基礎，因為這種調動美學意識的過程，不只將人詢喚為主體或回歸類主體，甚至擠身超越的神聖的行列中。人作為主體或回歸類主體，並沒有解決人現實存在的有限性所引發的生命焦慮；人必須通過接受神聖的超越性的詢喚，將人統攝到神聖超越的號召中，才能化解人的深沉的生命焦慮；這也可以說，人成為主體或回歸類主體（大我）是為了要回歸超越性的神聖的終極的大寫的主體，亦即不必再被迫尋小我或大我所束縛，跨越對所謂主體的追求[7]。

如前所述，通過類主體的訴求，意識形態的建構成為可能；在此，我們必須進一步說，類主體訴求的正當性基礎，又是植基於這樣的訴求：可以將人不只詢喚為主體，而且可以或可能使人跨越作為主體的束縛，從對主體的追求中解放出來，化解人現實生命存在的焦慮；不過，在此要特別強調的是，當意識形態能將人往超越性的神聖方向轉化時，它可能已經成為某種宗教或類似宗教了。

通過這樣的論述，我們可以更細緻的說，通過大寫的

超越性的神聖主體和類主體的訴求，使意識形態的建構成為可能，而大寫主體的訴求是類主體的正當性基礎；反過來說，類主體的訴求是為了讓人回歸超越的神聖的主體的懷抱中。至於所謂意識形態將人詢喚或徵召或建構為主體，這是說現實中存在的人只不過是大寫的主體或類主體的鏡像複製，而人作為類主體的鏡像複製，就可以從小我變成大我；至於人作為大寫主體的鏡像複製，則是跳脫小我和大我委身於神聖的大寫主體的懷抱中，從而化解人現實生命存在的焦慮。

意識形態的建構是一種將人複製為主體的機制的建立，這種機制亦是一種不斷再生產的機制，或者可以說是將人不斷再生產為主體的機制；而與此不斷再生產相連結的是支持這種再生產的社會生產關係的再生產。再推論下去，與社會生產關係的再生產相連結的是對人的日常生活方式的再生產；讓人通過這樣或那樣的日常生活方式，表現自己為主體，並無意識的繼續成為意識形態複製下的產物。

人一直希望自己成為主體，或相信自認為自己是主體，或一直被設立為是主體，這都提供了意識形態形成的條件和基礎；意識形態可以企圖告訴我們，我們是如何成

爲主體，成爲什麼樣的主體以及主體是如何與周遭的世界連結互動的。亦即，意識形態不只建構了主體，也建構了人的周遭世界以及社會。這其中也許存在著一個疑惑：既然意識形態是人通過語言符號和種種的機制設計所建構的，那麼就應該說，在意識形態被建構的過程中，人已經先展現爲主體，而不是等意識形態建構完成，人才被詢喚或建構爲主體。

要面對這個疑惑，首先，我們必須認識到，通過意識形態將人詢喚或建構爲主體的同時，也是建構了人的臣服、屈服順從或同意，這個過程本身就是道地的權力關係的展現；亦即這是某些人或集團對其他人或集團遂行支配的過程，或者說是霸權（hegemony）的展現[8]。其次，我們也許也要認識到，人很難斷絕名目和言句地回答自己是誰或自己是作爲什麼標的主體，而必須通過以語言符號爲載體的意識形態建構來加以回答。所以，我們應該說，人在建構意識形態的過程，不是已經是主體，而是在企求讓自己成爲主體。

通過以上的論述，我們一直在強調意識形態的建構是以建構主體爲基礎，而這也在凸顯通過語言符號以及相配套的機制的設計，對於建構主體的重要性；從這個角度來

看，我們說人是意識形態的主體，其實也可以說人是語言
符號的主體。不過，就如上述，在主體被詢喚和建構的同
時，其實是權力關係或霸權的展現，因此，我們也可以說，
主體的建構是通過權力場域來進行的，或者說主體是權力
的主體；人是語言符號的主體，又是權力的主體，這就可
以讓我們聯想到，也許語言符號和權力通過主體的建構是
可以被連結的；或者，我們也可以逕直地說，語言符號和
權力是主體建構過程中的一體兩面，它們之間相互滲透和
保證，並且可以形成一個話語（discourse）場域，這個話語
場域決定什麼可以被說，誰可以說，或誰可以成爲主體，
成爲什麼樣的主體。亦即，人成爲主體，不光只是通過語
言符號，也不光是通過純粹的權力操作，而是通過語言符
號和權力交錯而成的話語場域的運作而成爲可能的；這種
話語場域不是神秘的、抽象的，而是具體的；但更重要的
是，它是一個動態的過程，而且其中充斥著種種的陳述或
所謂的知識。不過這些陳述和知識是與權力相伴相生的，
抽離了權力，無法理解種種陳述或知識；同樣地，抽離了
陳述或知識，也無法理解權力。語言符號、陳述、知識本
來就是權力的，而權力本來也是語言符號、陳述或知識的。
　　意識形態既是語言符號，也是權力，但又不只是語言

符號或權力；意識形態是語言符號和權力交織而成的話語場域。話語的形成變化，不是通過純粹語言符號的邏輯，或純粹權力邏輯來實現，而是通逍話語的實踐所形塑的關係網絡來實現的。主體和我在話語場域中被建構，跳出話語場域，就沒有主體和我。所以，我們可以強調，將自在的個人提升為自為的主體，主體或我，既是語言符號的，意識形態的，也是話語的。

此外，就如前述，意識形態是一種或一套「主體」的鏡像複製的機制或機器，我們可以說，意識形態的建構和產生功能，既是主體或我的被複製和生產，也是語言符號、權力、話語的再生產；而再推下去，就是權力關係或話語場域的再生產，以及社會生產關係的再生產。主體或我的不斷再被複製和生產，其實也是社會勞動力的再生產，以及如上述是臣服、屈服和同意的再生產，或是霸權的再生產。而這也就是說，是政治、經濟和文化的再生產，或是整個社會的再生產；意識形態通過這樣的社會再生產過程，也不斷再被生產出來，意識形態既是啓動社會的再生產的鑰匙，也是貫穿社會的再生產的主軸，更是連結政治、經濟和文化的黏著劑。

總的來說，通過意識形態讓自在的個人或個體提升為

自爲的主體，同時主體也必須接受來自意識形態的給予和
現實的規訓；這時，一方面自以爲是獨立自主的在行動和
思維，可是在另一方面，其實是無意識的受制於意識形態。
從這樣的場景來看，自覺的意識或簡單的說有意識的表
現，其實是以某種無意識的臣服爲代價或基礎的，亦即所
謂的自爲有意識的行動和思維，是以被意識形態安排成「自
在」（自然而然的存在）這樣的無意識的存在爲代價和基
礎的。

意識形態要能將人安排爲無意識的「自在」的存在，
基本上必須通過以社會生產關係的再生產爲基礎，不斷再
生產人的日常生活，從而使意識形態所揭櫫的規訓融入人
的日常生活中，成爲人的生命和生活的一部分。而在這個
過程中，意識形態必須進入社會生產關係中，成爲社會的
再生產主軸或黏著劑；這也就是說，意識形態必須客體化，
進入社會生產關係中，這樣它才能真正成爲鏡像複製主體
的機制。這樣一來，意識形態轉化爲制度規章或政策路線
等等，它可以正式啓動或使動個人或個體，按照意識形態
的要求去行動和思維，亦即它可以銘刻在個人和個體身
上，從而使個人（體）從事種種儀式活動和實踐。通過意
識形態如此這般地銘刻在個人和個體身上，意識形態使動

個人，並且讓它成爲「社會的」或「歷史的」或「世界的」主體。而這也可以說，意識形態絕不是通過類主體或更高的神聖主體的訴求來發揮作用，而且還更通過具體的客體化的過程，導引人們從事具體的活動實踐來發揮它的影響和作用；所以，意識形態絕不只是理念的，它更是物質的、具體的、實踐的。

阿爾都塞通過拉康的心理分析和理論，基本上回答了意識形態如何能從刻意造作或建構轉變爲對人產生無意識式的影響；從拉康的角度來看，意識形態的建構操作和發揮影響力，是因著人對作爲主體的追求的需要，而意識形態基本上就如上述是作爲一套複製主體的機制而存在的。阿爾都塞如此這般地論意識形態，的確很容易讓人認爲，他將意識形態本體化，意識形態成爲人的生命之需以及這個世界係什麼的世界的憑藉；而且，阿爾都塞的這種論法也很容易被認爲背叛馬克思主義的唯物論的原則。因此，有些人或許還是會希望以馬克思主義唯物立場來論意識形態，從而認爲必須從階級性、社會性和政治性的角度來看意識形態[9]；如此一來，意識形態就相對地又比較回歸較爲古典的意涵，特指反映代表或表述某個階級的基本價值或利益的觀念體系。這種將意識形態的論述向馬克思主義的

回歸，討論意識形態，終究必須面對上述的問題：意識形態如何能從刻意造作轉變成對人產生無意識的影響。而且，就算我們回歸馬克思主義的唯物立場，將意識形態視爲反映或表述某個階級的基本價值或刻意的觀念體系，可是意識形態在實際建構的操作過程中，它要對人產生影響力，仍舊必須如前所述將階級的「特殊」利益或價值取向說成是普遍的利益或價值取向，亦即它仍然必須進行類主體的訴求，然後它才可以不只將被認定爲該階級的人或其他階級的人詢喚或建構爲主體。

因此，認爲對意識形態的理解必須回歸階級性的取向，其實是不太需要；重要的是，必須弄清楚意識形態如何能夠對人產生無意識的影響。更何況，就算向馬克思主義的唯物立場回歸，其實到頭來還是必須面對意識形態對人產生無意識影響的問題；所以阿爾都塞式的對意識形態的說明所謂向馬克思主義唯物主義的回歸，基本上是不衝突的，而且是可以相結合的。或許，我們也可以說，必須從種族、族群、民族、國家、性別、地域和血緣等等取向或角度來理解意識形態，不管取向或立場再多，同樣的都要面對意識形態對人產生無意識影響的問題；而且，基本上與阿爾都塞式的對意識形態的說明是不相衝突，甚至都

可以互相結合在一起。

　　值得強調的是，阿爾都塞討論了意識形態的國家機器，基本上是凸顯了意識形態的客體化，這種客體化的意識形態進入了教育、文化、傳播、政治等等各種領域中，轉變成複製個人爲主體的種種機制，這基本上也算是某種客體主義或唯物主義的立場。

　　況且，不管是訴諸階級、種族、性別、民族或國家等等，基本上都是一種類主體的訴求，這些作爲類主體的階級、種族、性別、民族或國家，基本上都必須通過意識形態的建構過程，被定義或被賦予內涵；階級、種族、性別、民族或國家等等，基本上都不是永恆固定的或本真的普遍的範疇或現象，它們都是通過語言符號或以語言符號爲基礎的話語操作下的產物或結果，或者也可以直接說是意識形態建構操作的產物或結果；而這也就是說，階級、種族、性別、民族或國家都是通過話語或意識形態爲載體的再現（representation）過程而被建構的，這個過程本身就是一種權力拼搏的過程[10]。因此，企圖訴諸階級、種族、性別、民族或國家取向，以凸顯某種唯物立場的意識形態觀，其實是不太必要的，甚至是值得商榷的。

四、對舒曼論述的反思

通過以上有關意識形態的論述作爲基礎，在此讓我們轉向去反思有關中蘇意識形態的研究，其中我們要集中討論舒曼（Franz Schurmann）的《共黨中國的意識形態與組織》（*Ideology and Organization in Communist China*）一書[11]。這本書有關中共意識形態的討論，迄今仍然有其價值和啓發性。首先，此書讓人們知道意識形態不是抽象的觀念或信念體系，而是有具體的結構或組成部分。其次，舒曼將中蘇意識形態分爲純粹／實際（踐）的（pure／practical）兩部分，而且基本上把純粹部分當作是馬列主義，以及把實際（踐）的部分當作是毛澤東思想；這基本上道出了中蘇建黨以來在意識形態層面所必須解決的一個嚴肅課題：如何面對馬列主義，以及如何安置馬列主義的問題；再而，由這個問題所延伸出來的問題是：如何處理中共領導人，特別是具有卡里斯瑪（charisma）權威的領袖如毛澤東的思想，和馬列主義的關係。其四，舒曼企圖告訴我們，通過中共黨史的發展，馬列主義被往上供進入意識形態的純粹部分，切斷其與中國現實的直接關聯性，但卻讓它扮演凝

聚認同以及證成黨的正當性的角色；而毛澤東思想則進入
意識形態的實際（踐）部分，成爲指導實際政策路線的依
據。

　　舒曼認爲，因爲中國社會缺乏無產階級主義訴求的歷
史或文化基礎，這就使中共意識形態的純粹部分必須從外
特別是蘇聯移植過來，而且這個移植過來的部分必須被原
封不動地保留，以使於持續來證成意識形態實際（踐）部
分的正當性[12]。對舒曼而言，被供在純粹部分的馬列主義是
通過一套世界觀爲基礎提供一套價值觀；如果我們用前述
有關意識形態的討論，我們可以說，馬列主義是被用來進
行類主體訴求的，而毛澤東思想作爲實際（踐）部分，是
被用來將個人詢喚或建構爲主體的。我們翻閱中共黨史，
中共建黨以後在意識形態層面上，就一直面臨著如何對待
馬克思主義、列寧主義、史大林主義以及蘇聯的意識形態
霸權（hegemony）的問題；其次，在中共領導權轉變的過
程中，還涉及到領導人思想之間如何承接轉化，以及這些
領導人思想和馬克思主義、列寧主義以及蘇聯霸權之間關
係的問題。我們前面有關意識形態的討論，並沒有辦法幫
我們回答上述這些中共黨史中的問題；不過，通過舒曼的
分析架構倒是可以讓我們嘗試性地認爲，類主體的訴求部

分應該可以算是意識形態建構中的純粹部分；至於將個人詢喚或建構爲主體的部分，應該可以算是意識形態的實際（踐）部分，而類主體的訴求基本上是以一套世界觀、歷史觀或社會觀爲基礎的價值判斷訴求爲載體的。

　　此外，前面也強調過，意識形態是一套複製主體的機制，它是通過使動個人，使之行動實踐來發揮作用和影響力；因此，意識形態絕不只是一套理念、理論或思想，而更是實踐，或者說是理論與實踐的結合。舒曼將中共意識形態分爲純粹／實際（踐）兩部分，從而似乎也將理論／實踐分離，這基本上很容易陷入將意識形態切割的化約的困境中。類主體的訴求是意識形態建構之所以可能的正當性的基礎，其基本上很難或較難通過某種人格化的標籤來表示，而必須通過一種超人格化的標誌來顯現；至於意識形態要動員或使動個人，並將其建構爲主體這部分，這如前述必須客體化到具體的組織制度中，於是就有可能以這個組織或制度的領導者或主導者這類人格化的標誌來顯示或表現。而意識形態的純粹／實際（踐）部分到底由什麼樣的具有超人格化和人格化的標誌來顯現，是受到每階段與該團體、組織或社會，糾葛在一起的語言符號和權力關係所交織而成的話語氛圍或語境所制約的；亦即，作爲意

識形態純粹部分的超人格化的標誌不會持久不變的，它是
在話語氛圍中語境中流轉的。人格化的標誌在某種話語或
語境制約下，可以轉化爲超人格化的標誌進入意識形態純
粹部分，而超人格化的標誌也可能退出意識形態的純粹部
分；當人格化的標誌不只用來代表意識形態的實際（踐）
部分，也被用來代表意識型態的純粹部分時，這意味著卡
里斯瑪權威式的領袖人物的出現。

　　舒曼的書雖然觸及到意識形態和組織之間的關係，但
他其實並未真正刻畫出意識形態如何通過組織展現客體
化，從而形塑一套複製主體的機制，以及說明這樣一套機
制如何通過使動或動員個人，去銘刻在人的身體上，並且
將人詢喚或建構成爲主體；亦即，談意識形態與組織的關
係，到頭來其實是在談身體與政治或權力的關係，這其中
當然觸及組織、制度或權威對人的支配，但也涉及到將人
詢喚或建構爲主體的問題。長期以來在中共黨史中不斷用
各種話語表現的整風，基本上就是確保使意識形態能客體
化到組織制度，由形塑成複製主體的機器，並且銘刻在人
的身體的一種手段或機制。

註 釋

1 張一兵，《問題式、症候閱讀與意識形態——關於阿爾都塞的一種文本解讀》，北京：中央編譯出版社，2003，頁 158-159；另請參閱，斯拉沃熱‧齊澤克（Slavoj Zizek）著，季廣茂譯，《意識形態的崇高客體》，北京：中央編譯出版社，2002，頁 39、45。

2 張一兵，前揭書，頁 152。

3 駱冬青，《形而放學：美學新解》，北京：中國社會科學出版社，2004，頁 86-87。

4 張一兵，前揭書，頁 188。

5 張一兵，前揭書，頁 172-189。

6 阿爾都塞著，杜章智譯，《列寧與哲學》，台北：遠流，1990，頁 191-192。

7 張一兵，前揭書，頁 184-185。

8 張一兵，前揭書，頁 187-188。

9 馬海良，《文化政治美學——伊格爾頓批評理論研究》，北京：中國社會科學出版社，2004，頁 124-125。

10 Chris Barker, *Culture Studies: Theory and Practice*, London: Sage Publications, 2000, pp.5-8.

11 Franz Schurmann, *Ideology and Organization in Communist China*, Berkeley, Calif.: University of California Press, 1968.

12 Ibid., p.41, p.46.

第三章
溫故知新：對黎安友（Andrew Nathan）派系模式的反思

48 ❖ 中國研究：實踐與反思

環繞在鄒讜（Tang Tsou）、黎安友（Andrew Nathan）和狄特瑪（Lowell Dittmer）之間有關中共政治或高層政治分析的方法論爭論，一直是當代美國的中國研究中引人注目的一個公案。這個爭論對中國研究非常有啓發導引作用，但也存在一些值得反思的問題。

一、關於黎安友的論述

黎安友在一九七三年發表在《中國季刊》（The China Quarterly）上的經典性文章「中共政治中的派系主義模式」（A Factionalism Model for CCP Politics）[1]，是引發這番爭論的重要文獻。黎安友在此文中，主要是想替對中共（高層）政治的分析確立派系分析模式。總的來說，黎安友此文基本上是一種政治本體論的論述，賦予「派系」以本體的地位，認定派系是中共（高層）的基本組成元素或單位。而黎安友通過這樣的政治本體論作爲基礎，一方面當然主要是符合行爲主義途徑的要求，把派系當作一個行動體，尋求權力政治的個體或微觀的機制，這可以說是黎安友建立派系政治分析模式的主要意圖；但是，另一方面，黎安友又企圖彰顯政治運作的關係向度，把派系當作個人交換

關係的表現，從而也導引出一個論述的可能方向：權力是一種關係，同時也在關係中開展，雖然這種開展是以個人或次級的派系領袖作為節點而成為可能的。對黎安友而言，派系是通過上述這樣的節點作為中介接合形成的，而作為一個權力政治單位的派系，節點與節點之間其實又是以利益交換關係作為基礎的；亦即，通過個人或個體的利益計算賦予派系某種理性的成分，從而使派系作為一個行動體也就成為一個理性實體。

不過，黎安友的派系分析模式的提出，是對原先美國的中國研究的制度或甚至可以說是結構決定論的糾正；因此，其主要意義在於強調，非制度政治的重要性，而其論述的主軸無非就是要告訴人們：權力政治的運作是通過或鑲嵌於派系的互動對應而成為可能的。

對黎安友而言，派系不是正式的制度化組織或團體，而是通過派系領袖分別和其他個人或次級派系領袖建立一對一的利益交換關係而形成的，如此一來，派系其實可以說是某種人際或人脈關係；不過，這種人脈關係通過派系領袖形成某種眾星拱月式的樣態，從而使得派系可以成為以派系領袖為主體的一種行動體。

在黎安友早期的這篇文章中，雖然糾正了把中共（高

層）政治還原到制度或結構的傾向，但反過來，卻不得不讓人感覺到掉入另一種還原之中，企圖將中共（高層）政治還原到非制度或非政治的人脈關係中，而且更有意無意的讓人容易掉入對中共（高層）政治分析的二分法的困擾之中；因爲如此一來，中共（高層）政治的正式或非正式兩個介面或向度便分開了，雖然黎安友努力地想說明，正式政治是通過或鑲嵌於非政治而成爲可能的。

爲了糾正制度決定論背後的總體主義或客觀途徑的方法論傾向，黎安友努力的想爲中共（高層）政治植入微觀的或以個體爲基礎的分析機制，這使他向行爲主義或理性選擇途徑傾斜，於是派系便被塑造成一個能夠從事理性算計的行動體；派系被擬人化，或者說被領袖化，領袖成爲派系的符碼。

根據黎安友此文，派系的規模大小無法被確定或被外人所掌握；不過，派系不太可能無限擴張，而且，更重要的是，派系的成員甚至連非派系領袖都不見得得以窺之，因爲派系的成員之間不一定會有橫向的聯繫。黎安友以此爲基礎強調，派系不可能被別人接管，或者說派系不可能被敵對的派系所徹底消滅；黎安友這樣的論點道出了派系作爲一個人際關係網絡的不確定性和複雜性。不過，這樣

的論點與他將派系擬人化或領袖化的論述之間是存在矛盾的。派系既作爲一種人際關係網絡，也作爲一個人格化的實體，如何讓派系的這兩種屬性能夠獲得內在的一致性，成爲考驗黎安友派系分析模式的關鍵；嚴格來講，黎安友並沒有通過這個考驗，因爲從黎安友有關派系政治的十六個特徵的論述中，就可以看出黎安友在其演繹論述中，無法讓上述派系的兩種屬性獲得內在的統一[2]。我們就以上述提及的黎安友強調派系不會徹底消滅對方這樣的論點爲例；如果從派系作爲一個不確定的複雜的根本不會爲外人所完全得知的人際關係網絡而言，的確就如上述是可能不會被敵對的派系所消滅；但是如果作爲一個人格化或符碼化的派系，當派系領袖被鬥垮或甚至被整肅死亡的時候，其實就可算是這個派系被消滅。

其實，上述黎安友派系分析模式存在的矛盾，更透露一個問題：將派系完全人格化是否妥當。當然，派系被當成一個實體一個行動體，它一定要被命名或區隔，這當然很容易將其人格化或符號化，但這麼做的同時，很容易讓派系流於抽象，而這樣被抽象化的派系，其實是被論述者建構的派系，與實存的「派系」人際關係網絡的複雜性必然存在距離。或許這種距離可能是任何論述者所無法跨越

的鴻溝；而且，講得更白一點，別人的人際關係網絡並不
是我們所能完全窺知的。不過，將派系人格化或符號化，
這本來就是一種化約式的建構，爲的是符合行爲主義途徑
的需要，從而能夠按照理性選擇或博奕向度來分析中共（高
層）政治；通過如此這般進行派系互動的分析時，黎安友
又做了第二度的化約式的建構，從而以演繹的方式推衍了
有關派系政治的十六個特徵。經過第二度的化約，原先在
分析派系如何可能時的關係網絡角度迅速褪色，主要剩下
其實非常抽象的進行有關作爲一個行動體或人格化的實體
的派系間互動特徵的演繹推衍。

　　就如前述，黎安友的派系模式的提出，主要的意圖是
要凸顯權力政治是通過或鑲嵌在非制度或非正式的人際關
係網絡中而成爲可能的；那麼，其論述的方向應該強調權
力政治首先是人際關係網絡運作的工具或手段，然後才會
作爲人際關係網絡運作的結果。亦即，人際關係網絡不只
是行動體算計或博奕的策略或工具性背景；而是反過來，
人際關係網絡也會通過行動體的算計或博奕作爲工具、手
段或中介繼續運作發展。當然，我們瞭解，黎安友派系模
式的提出，如前所述也是要掙脫制度或結構決定論的束
縛，因此就必須通過個人或行動體可以進行理性選擇或算

計來展現個人或行動體的某種自主性。在此處，其實就觸及結構制約與個人（體）自主性之間關係的重要問題，而這個問題是人文社會科學研究中非常重要的方法論的問題。結構在制約個人（體）的選擇和行動成為可能，亦即個人（體）的自主性和能動性與其受結構（可能是制度，也可能是人際關係網絡等）的制約是連結在一起的，通過被制約，從而使個人（體）的能動性甚至是自主性成為可能；通過受制約而來的「能動」選擇和行動，使個人（體）和其他個人（體）或節點接合，從而被網入形形色色的人際關係網絡之中。

黎安友有關派系如何可能以及派系互動的論述，予人的感覺是太過遷就行為主義途徑，在強調派系成員或領袖進行理性算計而進行利益交換的同時，將他們化約成經濟人，這很容易使人際關係網絡成為理性選擇或博奕的策略工具，或甚至更極端地往人際關係網絡來論述個人（體）的理性選擇或博奕；這是黎安友派系分析模式很容易被認為脫離現實或無法解釋歷史的根本所在。

二、鄒讜對黎安友的反思

　　鄒讜曾經針對黎安友的派系模式分析，特別是黎安友派系模式對於中共黨史的解釋力進行評論，認為黎安友的派系模式其實是無法解釋中共（高層）政治；而且，鄒讜曾經特別針對毛澤東是否為某一派系，以及派系是否能夠徹底被消滅等問題，從中共黨史援引證據說明黎安友的派系模式解釋力。我同意認為黎安友上述派系模式缺乏解釋力，但對於鄒讜援引黨史的證據來論證黎安友派系模式的解釋力不夠是否具積極的意義，則持保留的態度。

　　在前面論述中，曾經不斷地表示，黎安友派系模式，基於黎安友當時的知識背景和語境做出了雖然符合其當時語境的模式建構，但卻是相當化約，以至於無法承擔去解釋中共（高層）政治的複雜性。鄒讜不管是根據中共中史文獻研究室所編的中共史料或其他私人有關中共黨史和黨史中個別人物的著作，來反駁黎安友的派系模式演繹式的論點，這當然是對於中共史料的解釋力進一步的發展；不過，這其中涉及到一個很根本的問題：「歷史是什麼？存在著歷史的真相嗎？」當然，這樣的提問方式，是帶有一

定程度的後現代的意涵。不管是通過彙編蒐集或撰述，歷史都是經歷了接合、建構甚至是編碼；我們說自己所發現的或所撰述的才更符合歷史的真相，這其實也是另一番的接合、建構和編碼。如果我們一定要說歷史存在著真相，那麼我們只能說所謂的真相，是接合、建構和編碼下的真相；這樣的真相背後都隱含著接合者、建構者和編碼者的提問方式、知識背景、生活企圖，作者（可能是一個人或一群人或一個單位）都是作為呈現一定的提問方式和知識背景等的症候，去接合、建構和編碼歷史。或許，歷史事件或現象發生的剎那當下是真實，但是事過境遷的捕捉、敘述、接合和編碼，這些都在創造種種的真相。

　　通過化約式的抽象過程去建構模式，並用來分析歷史和現實，當然可以被批評不具解釋力，或切割歷史現實和化約歷史現實；不過，這其實也是對歷史的建構。不管是黎安友或鄒讜，都是對中共黨史的建構，看得見歷史中的什麼，或看不到歷史中的什麼，這其實不是由所謂歷史真相來決定的，而是由我們所承載或背負的提問方式來決定的，提問方式領著我們去對歷史進行建構[3]。

　　鄒讜認為不能將毛澤東視為某一派系或所謂「複雜派系」的領導人，因為毛澤東其實擁有卡里斯瑪式的權威，

他是超越派系的[4]。鄒讜從中共黨史中舉了許多例證來證明
毛澤東所擁有的這種特殊的權威地位，他可能認爲這是循
著歷史證據而得出的看法，但我們必須說，他是循著被接
合、建構和編碼過的歷史材料來論述，這樣的歷史材料也
許就是毛澤東中心主義的史料；而我們若再反過來說，鄒
讜與這樣史料的契合，也許也與他對中共（高層）政治的
提問方式有關，他認定中共（高層）政治存在著毛澤東這
樣的卡里斯瑪式的權威；也有可能，這樣的提問方式讓鄒
讜自覺或不自覺的和毛澤東中心主義的史料相合拍，從而
認爲他找到了諸多的歷史證據可以說明黎安友派系解釋模
式的缺乏解釋力。

　　毛澤東擁有卡里斯瑪式的權威或中共高層領導人擁有
或大或小的權力，這是我們都知道而且無法否認的事情，
不過，無論如何，權力可能會人格化，但不應將權力視爲
附著在某人之上的力量，它是在個人（體）行動和互動中
存在並且被使用和運用的一種力量關係[5]。亦即，我們不能
看到毛澤東和中共高層其他領導人擁有或大或小的權力，
從而不只把權力人格化，甚至把權力看成是一種給定
（given）的力量，這很容易自覺或不自覺的掉入神秘主義
或甚至天命論的陷阱之中，從而脫離關係網絡並且抽離現

實來論中共高層的權力和政治運作。權力在人際關係網絡
中運行，它建構了形形色色的個人（體）或政治人物，但
同時它又通過這些被建構的個人（體）或政治人物來運行
[6]；毛澤東和中共高層其他領導人所擁有的權力，是通過上
述這樣的過程來呈現，它不是必然，而是權力的宏觀機制
（人際關係網絡）和微觀機制（個人或個體的行動和對權
力的運用）之間相互作用下的結果；因此，它也會有某些
軌跡可循，而不是全然的偶然。

　而且，由於權力不是固定的東西或力量，它是一種關
係動力網絡或場域，它就在這樣的網絡或場域中流轉，因
此，它很難被歸結為某個模式；而如果企圖通過確立模式
或其他種種歸納抽象化的方式去預測中共高層權力政治的
運行，恐怕是會徒勞無功的。黎安友建立派系模式除了要
解釋迄至七〇年代初文革期間的中共高層政治外，當然還
企圖預測後來的中共高層政治的發展，這是很難辦到的事
情；而鄒讜除了認為黎安友的派系模式不能解釋過去外，
也認為其不能預測後來[7]，這其實也是一種苛求，甚至可以
說意義並不大。權力雖有源自於上述權力宏觀和微觀相互
作用的軌跡或蛛絲馬跡可循，但它絕不是必然；雖然它也
不算是全然的偶然，但要對它建立模式或規律，不只解釋

過去而且也要預測未來，這本來就是一件不必要的事情。
當然，這樣一來，或許有人就會擔心，權力運作似乎就變
成不可掌握，而且權力的真相因此似乎也就變成一個難以
捉摸的過程或黑箱。相信權力是具體固定的，或是附著在
某人某派系某團體某階級之上，這除了是追求秩序感的表
現外，還是人對權力關係的一種建構。鄒讜認為，中共高
層政治精英間的權力鬥爭，無論涉及最高權力或次一級權
力，總是與一方全贏而另一方全輸相聯繫[8]，這充分表現了
鄒讜對中共高層權力關係的建構；而最重要的是，不管是
全贏或全輸，都是上述權力宏觀機制和微觀機制相互作用
下的結果，它是沒有必然性的。鄒讜可以對中共高層政治
進行「全贏」或「全輸」的圖像建構，但不能依此而宣稱
「全贏」或「全輸」是一種必然的關係或規律。

　　黎安友雖然強調派系是通過派系領袖和派系成員建立
一對一的提供服務與好處的交換關係而形成的；不過，他
所指的交換關係其實是一種上下從屬或庇護性主從關係
（clientelistie），交換關係中的兩造關係是不平等的，儘管
在從此交換服務和好處的過程中是非常經濟功利性的。黎
安友派系模式所抽繹建構的是一種特殊的人際關係網絡，
被狄特瑪和鄒讜認為不能涵蓋或統攝形形色色影響中共高

層政治的非正式人際關係網絡[9]。

三、狄特瑪的論述

　　黎安友的派系模式讓人注意到非正式政治或權力的重要性，不過，很容易流於過度重視非正式政治重要性而忽略正式政治的化約的後果；在另一方面，黎安友的派系模式導引出了以非正式政治和正式政治近乎二分的範疇來研究中共高層政治的背景方向。狄特瑪有關非正式政治的論述，是這種發展方向的具體呈現[10]。

　　儘管狄特瑪在其論述中，也注意到非正式政治／正式政治，或非正式權力／正式權力間的關係，以及彼此的相互轉化；但無論如何，狄特瑪畢竟是將權力加以二分，這雖然或許有助於人對於權力運行的理解，但是二分的結果當然難免流於化約，儘管狄特瑪在論述中也想克服這種化約，但總是無法跨越由於二分所延伸出來的權力的鴻溝的制約。

　　從分析角度觀之，或許政治或權力可以分為正式與非正式，但在現實中其實是無法劃分的。不管是正式或非正式關係都是人際關係網絡，人際關係網絡是跨越正式和非

正式的界限來運行的；人際網絡中的個人（體）既受正式／非正式權力政治的制約，但同時也在使用和運用正式／非正式權力。

　　當然，如果我們把權力和政治當作一種知識，我們可以通過反分正式／非正式來建構這種知識；但是權力和政治從來就不可能只是一種知識，正式／非正式的區分，絕不可能只是爲了知識建構的需要，而是作爲替權力政治實際運行服務的工具或武器，或爲權力政治運作的實際組成部分。不管正式／非正式的區分是作爲一種權力知識建構的需要還是現實權力政治運行的表現，它無非就是要顯示：個人（體）與其說是立即直接的鑲嵌在制度、規範和結構中，倒不如說是通過具體的人際關係網絡嵌入制度、規範和結構中。制度、規範和結構通過人際關係網絡來制約、影響個人（體），個人（體）也通過人際關係網絡在制度、規範和結構的制約影響下進行選擇和行動；人際關係網絡是制度、規範和結構相對於個人（體）之間彼此競合的動力場域[11]，而正式／非正式的區分，是人際關係網絡中的個人（體）爲實現交易、實現某個目標或做某件事，而考慮成本效益的選項。正式／非正式政治鑲嵌在人際關係網絡中，抽離人際關係網絡，正式／非正式政治的區分

就會變成非常抽象；而且，從人際關係網絡來看，正式／非正式政治之間的界限其實是非常模糊的，甚至是相互滲透的，呈現正式中有非正式，非正式中有正式的樣態[12]。

　　從某種角度來看，狄特瑪有關正式／非正式政治的區分，是對黎安友派系模式的改良式的發展，其論述還是主要在凸顯非正式政治或關係的角色和重要性[13]。狄特瑪把非正式政治或關係當成是傳統理性的呈現，從而強調非正式關係對人而言是種當作目的而不是當作手段；而反過來把正式政治或關係當成是目的理性的呈現，亦即正式關係相對人而言是達成某個目標的手段[14]。在做了這樣的區隔定義後，狄特瑪強調非正式關係是支持正式關係的基礎，甚至非正式關係最終可以壓倒正式關係。在實際的社會生活中，經營關係可能是反映當事雙方長期的聯繫關係和交情，亦即經營關係本身是這樣的聯繫交情和關係延續的表現；在另一方面，經營關係也可能是為了建立互動的短期利益關係，前者的經營關係本身可說就是目的，而後者的經營關係就變成工具或手段。這兩種形式的經營關係在正式和非正式關係中都有存在。此外，我們若依循著狄特瑪的論述方向，當然可從中共黨史中找到諸多例證來支持狄特瑪的論述；但同時我們也可以從黨史中找到例證來反駁

狄特碼的論述。在支持與反駁狄特瑪的論述這個問題上，其實與前述支持與反駁黎安友的派系模式分析的問題是相同的。在此，我們必須再重申一次：權力運作雖不是全然的偶然，但絕不是必然，企圖要爲它建立規律或模式，其實意義不大，所留下來的只是對權力關係的化約式的建構。

　　包括鄒讜、白魯恂（Lucian W. Pye）在內都認爲狄特瑪通過傳統理性和目的理性兩個範疇對非正式和正式關係做出進一步的區隔並不盡如人意[15]，我們姑且不論狄特瑪對於源自於韋伯（Max Weber）影響下的術語使用的妥當性；從狄特瑪的這樣的區分可以看出，狄特瑪其實是想通過如此這般的區分，進一步論證非正式關係對於正式關係的可能的統懾和涵蓋的作用。如果我們非得要循著狄特瑪的論述將人際關係網絡區分爲正式／非正式的話，那麼我們也必須認識到，正式／非正式關係之間不是「孰重要孰不重要」的問題，它們彼此的優勢和弱點在一定條件下會相互弱化，它們可以某種程度的代替對方，但不能完全替代或取消對方。

四、黎安友的反思

　　黎安友後來在其與 Kellee S. Tsai 合寫的 "Factionalism：A New Institutionalist Restatement" 一文中[16]，曾經針對狄特瑪有關正式／非正式政治的區分加以評論，他們認為，正式／非正式政治的界限是曖昧的，處在不斷流動的；社會和政治的結構、過程、制度和關係幾乎既是正式也是非正式的。正式／非正式層面幾乎都同時並存[17]。此外，黎安友也強調人際關係對於任何人而言，既是傳統理性的也是目的理性的，亦即既是目的也是手段；傳統理性和目的理性動機在政治中是混合在一起的[18]。黎安友和 Kellee S. Tsai 在此文中其實也如同鄒讜和白魯恂一樣認為狄特瑪通過傳統理性和目的理性兩個範疇區分正式／非正式關係是不盡如人意的；而他們雖然道出在現實的社會／政治關係中正式／非正式兩個層面是同等並存，可是他們並沒有能夠強調正式／非正式的區分，是個人（體）在人際關係網絡中行為或行動時的一種選擇或選項；而且，通過個人（體）的選擇和行動，正式／非正式的界限被打破，呈現流動，甚至混合，或統一的樣態。硬要把權力或政治區分為正式

／非正式，就好像要把人硬生生的分成兩塊一樣，這是違背現實的，而且也是不必要，甚至是錯誤的。

　　黎安友和 Kellee S. Tsai 上文的論述，雖然已經跳出凸顯非正式政治或關係重要性的窠臼，而且受到新制度主義的影響；不過，他們也展現了企圖調和制度主義向度和關係網絡向度的企圖心。而這個企圖心主要是通過底下這個公式表現出來[19]：

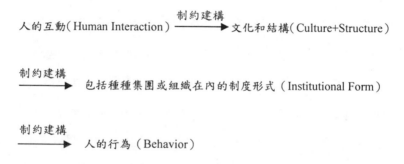

人的互動（Human Interaction）——制約建構——▶ 文化和結構（Culture+Structure）

——制約建構——▶ 包括種種集團或組織在內的制度形式（Institutional Form）

——制約建構——▶ 人的行為（Behavior）

　　這個公式主要要告訴人們：人的互動所形成的關係網絡會制約從而也建構了文化和結構；而文化和結構又制約建構了形形色色的正式集團或組織；再而，這些正式的集團或組織又會制約建構人的行為，從而去促使人際關係網絡的變化發展。這個公式透露了一個重要的訊息：人的互動所形成的關係網絡是個人（體）的行為、行動與文化、

結構以及制度形式之間相互作用的中介橋梁，或可以說是動力場域。

　　黎安友和 Kellee S. Tsai 在此文中，很顯然受到制度主義，特別是歷史制度主義的影響；從他們的文章可以導出：(1)個人（體）既是客體也是主體，他們既受歷史以及嵌入歷史中的制度形式的制約和建構，但同時又可以在這種制約下去制約、建構其人際關係網絡以及制度形式；(2)各形各色的制度形式，亦即種種的團體和組織，同樣既是客體也是主體，他們既受歷史以及嵌入歷史中的變化和結構的制約和建構，但同時又可以在這種制約下去制約建構個人（體）的行動，從而又反過來去制約建構人際關係網絡以及文化和結構[20]。

　　此外，黎安友和 Kellee S. Tsai 也針對包括狄特瑪在內有關派系模式的批評進行反思和回應，而其結果除了前面所述企圖打破正式／非正式二分界限外，更重要的是企圖表示不管是屬於正式或非正式，包括派系在內的團體和組織都是一種制度形式。在原先的派系模式中，把派系視為非正式的以及非制度形式的，是不符合現實的。此外，原先派系模式界定下的派系是十六種可能的人群組合形式中的一種[21]。

　　回顧美國的中國研究的發展歷程，在中國大陸文化大
革命之前的階段，確實存在著過度重視正式政治重要性的
現象，從而導致忽視個人（體）行為和行動的作用，或所
謂自主性的問題；我們或許也可以稱這個階段是古典制度
主義或古典國家主義的階段，而且相應的方法論是整體主
義（holism），強調制度或結構對人的行動和行為的影響和
決定，從而實現某種宏觀決定論或結構決定論的色彩。儘
管這種方法論幾乎取消個人（體）的自主性，但卻讓人們
認識到：個人（體）是鑲嵌在制度或總體與整體之中[22]。對
於這種方法論的反動而來的當然是要找回個人（體）的自
主性，並以強調個人（體）能夠進行理性選擇作為論述主
軸，亦即在方法論層次上從整體主義走上了個體主義
（individualism）。

　　不過，美國的中國研究的發展，除了在方法論上從整
體主義向個體主義轉向外，還涉及到對過度重視正式政治
重要性的反動，從而轉而重視包括派系在內的非正式政治
的重要性；不過，強調非正式政治的重要性，其實是重視
人際關係網絡的重要性，這很容易和上述的方法論的個體
主義相衝突或相矛盾。如果要能夠和方法論的個體主義儘
量相配套，就必須如同黎安友的派系模式一樣，把人際關

係網絡中的團體或組織，都當成是行動體，都能夠擬人化般的去選擇和算計。

　　方法論上的個體主義很容易讓人強調個人（體）的重要性或自主性的同時，幾乎取消制度或結構的作用；針對這種現象應運而生的方法論發展方向，是企圖結合制度或結構的制約作用與個人（體）的自主性。其實，中國研究和其他人文社會科學研究一樣，其所面臨的根本方法論問題就是如何處理制度或結構的制約作用和個人（體）自主性之間的關係問題；新制度主義其實就很努力地想處理好這個問題，希望在方法論的整體主義和個體主義之間走出一條調和的道路來，新制度主義這樣的方向和思路也在後文革階段，影響了美國的中國研究。就如前述，黎安友和 Kellee S. Tsai 上述的文章反映了這種趨勢，而被本文的論述不斷援引爲注釋的鄒讜著作，特別是其「中國革命的闡釋——宏觀歷史與微觀機制」一文其實同樣也反映了這種趨勢。作爲這種發展趨勢的其他代表人物或著作，因爲與本文的論述邏輯不太相合，就不再列舉；不過，這種趨勢迄今仍然在持續發展中，儘管有遭到來自文化研究（cultural study）和後現代等諸多途徑的競爭挑戰，但仍然不失爲美國的中國研究中的一個主流[23]。

　　此外，黎安友的派系模式揭櫫了對人際關係網絡的關
注，雖然我們或許可以如同黎安友從來所做的一樣將對人
際關係網絡的關注也納入新制度主義的架構中，但其實對
人際關係網絡的關注可以被延伸和社會資本（social capital）
這個範疇和途徑相連結[24]；僅管社會資本途徑同樣也可以和
新制度主義相銜接，但社會資本研究途徑可以更多的將對
中國的研究導向網絡分析的方向去。

　　此外，黎安友有關用來作爲派系形成基礎的人與人之
間的好處、機會和物品、服務的交換關係的論述，其實隱
含著人類學的意涵，觸及到中國人或任何社會中的人與人
之間的人情互動，以及通過這種人情互動如何制約和建構
政治或社會。黎安友在有關派系模式的論述中，雖然一方
面強調交換雙方的政治地位是有高有低，是不對等的；但
是另一方面似乎又強調，在交換關係中，當予雙方可以通
過物質東西的交換，來抹平政治地位的差異，從而形塑人
與人的關係的對等性，實現了人本身之間的交換。在這種
交換關係中，其實不只是一種理性的算計，還包括人的信
任、面子和習性等問題；亦即這種交換關係不能只用理性
算計來加以概括，交換關係中所顯示的理性，不只是經濟
學上以個體主義方法論爲基礎所談的個人（體）的利益最

大化的理性，而更是與面子、信任和習性相關聯的如何做
人的理性；換句話說，交換可能不只是注重利益極大化的
市場交換而更是一種人與人之間「面子」的交換[25]。黎安友
派系模式中的交換關係的論述，本來是可以作為一個人類
學的範疇，可他卻似乎遷就了行為主義，將交換關係往經
濟學面向傾斜；而黎安友在和 Kellee S. Tsai 合寫的文章
中，所提及的十六種可能的人群組合形式，似乎才又轉回
人類學的方向來。雖然他們通過新制度主義的向度企圖羅
列有關人群組合的十六種制度形式，但畢竟為人類學在中
國研究領域中留下了空間，而且黎安友派系模式或狄特瑪
對非正式關係的強調，不管他們自覺或不自覺，其實都已
隱含了人類學的意義；而黎安友和 Kellee S. Tsai 合寫的文
章中，把包括派系在內的人群集團和組織，看成是「非正
式」的制度形式，基本上是相當符合人類學長期以來對非
正式制度研究的關注方向[26]。

註 釋

1 Andrew J. Nathan, "A Factionalism Model for CCP Politics", *The China Quarterly*, No.53, January, 1973, pp.33-66.

2 鄒讜，《中國革命再闡釋》，香港：牛津大學出版社，2002，頁 192-193。

3 張一兵，《問題式、症候閱讀與意識形態——關於阿爾都塞的一種文本解讀》，北京：中央編譯出版社，2003，頁 83。

4 鄒讜，前揭書，頁 182。

5 吳猛、和新風，《文化權力的終結：與福柯對話》，成都：四川人民出版社，2003，頁 287-291。

6 吳猛、和新風，前揭書，頁 290-291。

7 鄒讜，前揭書，頁 195。

8 鄒讜，前揭書，頁 167。

9 鄒讜，前揭書，頁 169。

10 Lowell Dittmer, "Chinese Informal Politics", *The China Journal*, No.34, July, 1995, pp.1-34.

11 李英明，《新制度主義與社會資本》，台北：揚智文化，2005，頁 25。

12 李英明，前揭書，頁 34。

13 鄒讜，前揭書，頁 229-231。

14 Lowell Dittmer, "Chinese Informal Politics", p.10、30；鄒讜，前揭書，頁 231。

15 鄒讜，前揭書，頁 171。

16 Andrew J. Nathan & Kellee S. Tsai, "Factionalism: A New Institutionalist Restatement", *The China Journal*, No.34, July, 1995, pp.157-192.

17 Ibid., pp.157-192.

18 Ibid., pp.164-165.

19 Ibid., pp.165-166.

20 李英明，前揭書，頁 15-16。

21 Andrew J. Nathan & Kellee S. Tsai, "Factionalism: A New Institutionalist Restatement", *The China Journal*, No.34, July, 1995, pp.169-180.

22 李英明，前揭書，頁 3-4。

23 鄒讜，前揭書，頁 117-150。

24 李英明，前揭書，頁 42-61；Ronald S. Burt, *Structural Hole: The Social Strucure of Competition*, Cambridge: Harvard University Press, 1995.

25 王銘銘，《人類學是什麼？》，北京：北京大學出版社，2002，頁 41、80。

26 王銘銘，前揭書，頁 83。

第四章

文化研究與權力：兼論鄒讜

《中國革命再闡釋》一書

一、權力的內涵與權力結構的形成

文化研究（cultural study）不管是否作為一種途徑或一種論述，除了具有批判反思的意涵外，還是非常政治的。因為，如果先從文化研究的基本邏輯來看，權力是一種文化現象，或是一種動態的文化發展過程；權力不是給定的（given），它是在以話語（discourse）和符號為中介的關係網絡中運行和發展的[1]。

權力當然是使他人服從的能力[2]，但它更會牽動以話語和符號為中介的關係網絡的變化和發展。這些關係網絡包括正式的制度和非正式的制度（形形色色的團體、組織）；亦即，權力涉及到符號和話語主導權的爭奪，這其中既涉及到對既有語境的繼承，也可能出現既有語境的突破和創造。

做上述如此這般的強調，並無意掉入話語或符號還原論，將一切還原到話語和符號之中；而是要指出，權力除了是一種力量外，更是一種話語和符號的關係和過程，權力作為一種力量的意義必須通過這樣的關係和過程去建構和形塑。

　　長期以來，談權力或作爲有關權力的研究，其實都自覺或不自覺的掉入形形色色的還原主義中，不是還原到階級、派系、政黨，就是還原到經濟或人格或制度；在這些還原的同時當然就是一種化約，其極端化的結果，往往讓包括階級、派系、經濟、人格等在內的這些因素或元素擁有形而上「本體」的位階，這是對權力一種化約式的建構，從而也是對權力所做的某種形式的話語建構。不管是化約的或話語的建構，他們都是通過各種「還原論式」的提問方式作爲基礎的。本文無意加入還原論的行列，企圖將權力還原到所謂文化之中，從而形成某種文化主義的權力觀；本文所要再度強調的是，權力是一種關係和過程，它是形形色色各種因素和元素的合成和展現，並且必須通過話語和符號來顯示它的意義。

　　論述至此，除了要澄清既不是文化還原論也不是話語或符號還原論外，還要特別聲明，本文所要表述的也不是一種關係決定論或過程決定論；如果是如此的話，很容易又掉入某種結構決定論或總體決定論之中。本文要強調的是權力絕不是附著在某團體、組織、階級、派系或個人之上的東西或力量，它是流動的，它在形形色色的關係網絡中流轉和運行；亦即它本身除了是一種力量外，更是一張

關係網絡，個人或團體或組織在這張關係網絡中行動並且去運用這樣的關係網絡，從而獲得或展現權力。一方面個人（體）是「權力」這張關係網絡制約下的結果；但另一方面「權力」這張關係網絡又通過個人（體）去流轉和運行[3]；因此，本文既考慮到權力的宏觀或總體面，同時也考慮到權力的微觀機制。總的來說，賦予了權力的宏觀和微觀機制相互滲透的辯證結合關係，避開了整體主義（holism）和個體主義（individualism）方法論各偏一執的爭論。權力本身就是一張關係網絡，但它更是通過它所制約建構的個人（體）的選擇和行動去運行的；其中個人（體）的選擇和行動使得權力這張關係網絡能夠繼續被接合成一張關係網絡[4]。而這也就是說，權力作為一張關係網絡，是一種動力場域，而個人（體）本身也是一個動力場，通過個人（體）的選擇和行動，將個人（體）這個動力場和權力這個大動力場接合起來。這種接合當然是一種力量的變化重組或消長，不過同時也是一種意義的連結，亦即話語和符號的建構和連結。

講得更細一點，個人（體）本身既是總體也是個體，一方面承接權力這張關係網絡的制約和建構，這種制約和建構可能包括了宗教的、經濟的、教育的等各向度的作用；

而另一方面，又必須將包括多向度的這些制約和建構接合起來，從而形成自己的選擇和行動，並將自己又與權力這張關係網絡接合起來。不管是將總體制約建構和個人（體）的接合或將個人（體）和總體不斷的接合，都是通過個人（體）的選擇和行動；而這樣的選擇、行動和接合的過程，當然是一種力量的流轉和運行，但同時也是一種話語和符號的建構和連結。

　　個人（體）通過選擇和行動，認為自己具有自主性，擁有不受制於他者的主體性，應該或已然具有某種角色和權利，從而聲稱自己是自為的個人、階級、組織、政黨和派系等各種表示；這當然是各種權力的聲稱，但同時也是一種意義和價值的表示，其中既涉及到通過話語和符號的使用從而導致語境的變化發展；同時也涉及到建構種種表現意義和價值的文化現象或範疇，而這些個人（體）要繼續聲稱或維持他們的所謂主體性或作為主體，就必須不斷能通過話語和符號的生產和再生產作為基礎，從而不斷去建構自己能夠作為主體，並且將自己與權力這張關係網絡接合起來。個人（體）從自在到自為，聲稱或認識或體驗到自己是具有主體性，並且成為所謂自主的個人、階級、集團或組織，這表示他們不只已被建構成為權力範疇、權

力現象，同時也被建構成爲文化範疇和文化現象。權力和文化是個人（體）將自己或被人建構爲主體這樣過程的一體兩面的表現。

其實，從某個角度來看，個人（體）成爲或作爲主體，從來就是通過話語和語境而成爲可能的；因此，個人（體）一方面是作爲話語和語境制約下的症候而存在，而另一方面才成爲症候式的主體。這些話語和語境以無意識式的或有意識的方式讓個人（體）不只作爲症候而且作爲主體。這些話語氛圍或語境提供了種種的提問方式，並且透過個人（體）這些所謂的主體在運行、發問、流轉；而個人（體）這些所謂的主體，承載了這些話語和語境，從而也是種種的提問方式，也體現爲種種的症候，並且同時進行思維和思考。個人（體）作爲一個症候式的主體，在承載種種提問方式、話語和語境的同時，也成爲一個文本，它可以被他者不斷的重新閱讀或重新加以改寫。個人（體）間不只互爲文本，而且互爲讀者和作者。這其間涉及到個人（體）的體驗、想像和話語和符號的使用，並且促使話語氛圍和語境的變化發展。

再講細一點，權力作爲一張關係網絡，本身既是一張意義和價值網絡，同時也如上述是一張話語和符號網絡。

從這個角度來看，權力也是一個文本。這樣的文本的作者，可能暫時只有一個，但通常是多個或多重作者，而且處在不斷變化的過程中；作爲這個權力關係網絡中的節點，不管是個人（體）或他們的合縱聯盟，都會競合去作爲這個權力文本的作者或共同作者，或不斷去重新閱讀或改寫既有的權力文本，這其中就涉及到種種提問方式、話語和語境的競合交錯和消長。而且，更重要的是，這樣的競合交錯和消長，是通過個人（體）的選擇和行動，以及相應的話語和語境的運轉作爲基礎所形成的接合而成爲可能的，其中並不存在普遍性和必然性，只存在偶然性，不過這是一種接合式的偶然，而不是完全無軌跡可尋的純粹的偶然。

權力作爲一個文本，也可能是無作者的文本，它通過無意識的狀態或樣態去制約影響個人（體），被當成是一種常識或天經地義的知識；這種無作者的權力文本，可能是一種意識形態，也可能已經作爲一種文化或所謂傳統而存在。此外，更重要的是，權力作爲一個文本，個人（體）的選擇行動可能必須通過這個權力文本獲得意義和價值，甚至個人（體）的舉止語言以及種種需求目標都由這個文本來加以形塑；但同時，權力這個文本又通過它所制約影響的個人（體）來填充、豐富、改變它的內容和意義。前

面曾提到個人（體）也是一個文本，而且彼此可以互爲讀
者和作者；不過，個人（體）的相互閱讀和改寫可能也必
須通過權力這個文本，而且可以反過來去豐富改寫權力這
個文本。此外，個人（體）這個文本，其內容和意義，也
可能必須通過權力這個文本來賦予；而權力文本賦予個人
（體）的文本內容和意義時，同時也就在書寫自己文本的
內容和意義。權力這個（大）文本和個人（體）這個（小）
文本之間的相互滲透的關係，也是通過個人（體）的選擇
和行動，以及相應的話語和語境的運行爲中介所形成的不
斷接合而成爲可能的。

　　總之，在權力這張關係網絡中，不能將某些個人（體）
固定視爲統治者、掌權者或被統治者、被支配者，亦即不
能將個人（體）簡單的分爲統治者和被統治者、支配者和
服從者；它不是可以爲某個人（體）所獨占而排除其他個
人（體）如財產般的東西、物品或力量[5]。權力這張關係網
絡在社會中、文化中、話語中、語境中流轉展開，它是一
個過程，一個通過人（體）的選擇行爲動不斷接合從而不
斷重組變化的過程。

　　以功利主義爲基礎的理性主義通常會認爲，權力是個
人（體）以追求利益極大化爲目標，甚至相互進行互動轉

變的結果。從上述所強調的權力作為一張關係網絡的觀點
來看，個人（體）在一方面其實是權力制約下的結果，甚
至是權力運行的工具⁶。此外，針對上面功利主義權力觀，
或許我們不能只從工具的功利理性去論權力，而必須更進
一步從價值理性去論權力；這樣的論述是一種相當素樸的
理性二分法的論述，是相當不夠的：(1)個人（體）的目標
可能是權力關係網絡制約下的結果；(2)個人（體）的選擇、
目標設定，可能是自覺或不自覺，有意識或無意識的通過
某種語境，以語境或提問方式作為基礎，從而去進行論述、
聲稱和行動；個人（體）有可能無意識式的作為表現語境、
話語或提問方式的症候，而通過症候式的論述、聲稱、行
動所運行開來的權力，其實是症候式的權力。我們可以說，
個人（體）的理性其實是一種症候式的理性；而如果再結
合第一點來看的話，個人（體）的理性，也是一種權力關
係網絡制約下的理性，這是一種關係理性，同時也仍然可
以稱為症候理性。(3)功利主義的理性觀，其實也是一種話
語、提問方式，而且也形成一整套語境，甚至形成一種意
識形態；堅持或認定或循著功利主義理性觀的角度去看權
力，其實也是一種症候式的權力觀；同時，功利主義理性
觀也是一種症候式的理性觀；而為什麼功利主義理性觀會

有巨大的滲透影響力，主要是因爲它讓個人（體）從中看
到自己，認爲自己是個主體，具有自主性。

二、對鄒讜論述的思考

　　鄒讜在〈中國革命的闡釋：宏觀歷史與微觀機制〉一
文中，不只注意到權力的宏觀運行機制的問題，也注意到
權力的微觀機制的問題。只重權力的宏觀機制，論述易流
於抽象空泛；而若只重權力的微觀機制，論述則易流於瑣
碎的流水帳式歷史事件的串連和記載。鄒讜在文中因爲觸
及了權力的微觀機制，從而也從博奕論的角度去看權力。
不過，鄒讜爲了整合方法論上整體主義和個體主義起見，
賦予博奕論以整體論的某些意涵；而在文章結束時，鄒讜
頗爲感觸的指出：

> 我們賦予理性行爲與方法論上的優先性。我們注意到
> 理性與非理性行爲的界限。但我們遲早必須面對中國
> 革命中的非理性問題。非理性是不是所有的社會革命
> 都固有的？如果是的話，那又是什麼？[7]

　　鄒讜認爲，儘管我們可以對中共採納大躍進的激進政

策，建立人民公社，或毛澤東發動文化大革命，以及毛澤東希望在十五年內超英趕美的舉措給予所謂「理性選擇」的解釋，但卻會讓我們處於非常尷尬的處境，很難在理性與非理性之間劃分界限[8]。

此外，鄒讜也認為，翻閱國共鬥爭史可以發現，其實歷史往往是因為毛澤東和蔣介石在最後一分鐘，一個幾乎完全隨意的決定而被改寫的[9]。而且，偶然的事件和運氣，也同樣會導致類似的重大的歷史影響[10]。鄒讜強調這些，無非就是要我們注意到，非理性的選擇和行動是中共革命過程中權力運行的一個重要特徵。

鄒讜提出非理性在權力運行中的重要性，這是具有啟發性，不過鄒讜強調有所謂的非理性，以及期待可以劃分理性和非理性的界限，則透露出他對權力分析的盲點：

1.強調個人（體）具有理性選擇能力，這本來就是一種建構，這與追求人或個體的所謂自主或主體性是連結在一起的；從某種角度來看，這種建構也是或也可能是一種意識形態，對人產生無意識似的制約影響力；鄒讜期待可以劃分理性和非理性，其實這是對中共權力歷史研究的不同的提問方式，認為個人（體）選擇存在非理性因素；因此，才會認為，以理性選擇為基

礎的博奕論，對非理性因素的「視而不見」。

2.個人（體）受種種語境、提問方式、自己的習性以及
權力關係網絡的制約，從而就如同前述是作爲症候而
存在，所謂理性選擇的策略和目標，基本上都是通過
這些症候而形成的，我們可以如前述叫作症候理性，
面對這樣的症候理性，其實我們無法稱它是理性或非
理性的；當然，我們作爲不同的症候存在，我們可以
從我們的症候理性去認爲別人或個體的選擇作爲是
非理性的，不過這時候的非理性其實是隱含了價值評
斷在內的應然面的批評。

3.個人（體）就算乍看之下是在最後一分鐘，一個幾乎
完全隨意的情況下做出選擇，但是這仍然是在其關係
網絡中來進行的；儘管看起來有點急迫，但不能因此
稱其爲非理性的。從鄒讜的論述可以看出，他似乎也
設定個人（體）在作爲理性選擇者，必須具備所謂資
訊充分，思考時間充裕；這種理性主義觀點是非常理
想化，從而也非常抽象化，基本上是非常脫離現實
的，因爲在我們的生活世界中和權力關係網絡中，資
訊是不可能盡如人意的充分的，而且經常讓我們做決
定的時間是非常急迫匆促的。

4.在權力關係網絡中，甚至日常生活世界中，作爲節點的個人（體）或事件會交錯連接，但是它們之間並不存在必然的甚至直線式的彈子球式的連接，雖然可能有跡可尋，但基本上都是偶然的；甚至，連個人（體）的選擇行動，也往往說不上來是具體的受什麼因素的制約和影響而成爲可能的。

5.我們在做有關權力的分析時，由於往往自覺或不自覺的把權力人格化，認爲個人（體）可以獨占權力，或具有絕對的，或相對有利與優勢的地位影響大局，甚至扭轉局面；擁有這種人格化權力的個人（體），不管他們是在所謂充分資訊或從容時間條件下或是所謂匆促、隨機的情況下所做的判斷或選擇，都有可能被往產生更大影響的方向去建構和導引。

6.有時個人（體）的選擇作爲乍看是隨機的，但這有可能他已經是不得不然的選擇作爲，這當然有可能與意志或某種當下的情緒或氛圍有關，但我們絕不能因此說它們是非理性的。

7.其實，在權力這張關係網絡中，個人（體）所追求的絕不可能只是效率、效益而已，而是說服、導引、支配或使對方服從等，對於正當性的要求可能是非常重

要的；而有關正當性的要求必須通過話語論述作爲基礎，建構一套意義系統才有可能實現；而且，最重要的是，對於效率、效益的追求往往是爲了凸顯這些選擇作爲是具有正當性的。就算在匆促隨機的情況下所做的選擇行動，能被建構或所謂被證明是正當的，從而也是有效的；或有效從而也是正當的，那麼它就是合理的或理性的。

權力就如前述當然是一種力量或能力，它是可以被感受到或看到或經歷到的，亦即我們可以說它是具體的；但是這種具體性是通過話語和符號的運行來展現的，抽離話語和符號，要說權力是具體的就會變得很奇怪。其實，這樣一來，權力就反而變得很抽象；我們往往自覺或不自覺的認爲權力是具體的，所以不能將它和話語和符號牽扯在一起，似乎只要一牽扯到話語和符號權力就變抽象了，這種看法雖然很素樸，但卻是一種脫離現實的素樸。我們從無意要將權力化約爲話語和符號，但沒有通過話語和符號，權力可能是無法理解，甚至變成無意義，從而失去它的說服、感召從而使人服從的力量。權力不只是具體的，它更是要能被理解，以及要具有意義；從這個邏輯角度來看，它可以是一套話語和符號，但是，它不只是一套話語

和符號。

在權力場域或關係網絡中，就如上述不是絕然的壓制或被壓制，支配或被支配，它還涉及到說服、感召，甚至還存在卡里斯瑪（charisma）魅力的存在。談到這裏，先再以鄒讜的〈中國高層政治〉一文的一些論點作為參照。鄒讜此文的重點之一是評論黎安友（Andrew Nathan）的派系主義模式，但鄒讜強調毛澤東具有卡里斯瑪的權威，使他具有超越派系和正式政治制度的地位：

> 毛澤東利用一派反對另一派，甚至在一夜之間製造一個宗派的能力以及做出最後決策的能力，取決於他的卡里斯瑪式權威。作為中央委員會主席的正式權威以及非正式的權力。所有這些合在一起使作為集體機構的政治局及其常委會黯然失色。[11]

對於毛澤東擁有卡里斯瑪的權威，這幾乎已經是約定俗成的看法。我們可以先不去看這種「約定俗成」的建構過程，但對於這種權威的分析，卻不能流於天命觀或神秘主義的窠臼中。卡里斯瑪權威的形塑，總的來說是因緣際會加上當事個人的習性或風格，其中個人的習性或風格儘管一方面受到來自權力關係網絡的制約，但另一方面卻扮

演著去接合他所面臨的權力關係網絡的角色。因緣際會儘
管有衍自權力關係網絡的脈絡邏輯，但更重要的是因著個
人的習性和風格而成爲可能。因此，這種因緣際會不是注
定的或天命所賜，但它一定是特殊的；所以，我們不必去
追問爲何只有某某人物有這種因緣際會，而其他人沒有。
其實，每個人都有自己「特殊的」因緣際會，這是無法類
推或比較的，它們都是偶然不是必然。

對於卡里斯瑪權威的分析，很容易流於事後先見之
明，或成敗論英雄的論述方式之中；而當我們這麼做的時
候，其實，我們都已經參與了有關卡里斯瑪權威的建構之
中。不管這種參與是自覺或不自覺，或有意識或無意識，
基本上都是權力系譜學的共同建構者，而被認定具有卡里
斯瑪權威者是這種系譜學文本中的主角。

不管我們是從上述鄒讜有關毛澤東具有卡里斯瑪權威
的論述，或我們有關卡里斯瑪權威的想像，我們必須非常
謹慎小心，因爲具有卡里斯瑪權威者雖然具有超越派系、
正式制度以及非正式制度的能耐，但並不表示，他可以跳
脫權力的關係網絡，或者說他可以把權力關係網絡當成他
展現權力的工具或手段；而且，儘管他可以擁有較其他任
何人更高更大的權力，但絕不能說，他就是權力關係網絡

的化身。此外，我們也絕不能因為自覺或不自覺的參與卡里斯瑪權威的建構，從而把權力關係網絡化約為統治者和被統治者，或具有超凡魅力者和追隨者；這樣做，很容易讓權力的歷史變成只是以卡里斯瑪權威者為中心的歷史，從而忽略或取消許多可能不符合這個原則，但卻非常有意義有價值的資料和脈絡。在有關中共黨史的論述中，在論到毛澤東未過世前的中共權力史，特別是從延安到毛澤東去世這段時間，基本上就是毛澤東中心主義的論述，以至於導致對中共黨史的嚴重化約；儘管這種現象目前已經逐步在改變中，但對於中共黨史的論述研究則已經造成相當大的障礙和影響。

　　被認定或被建構為具卡里斯瑪權威者，如上述是被認定具有超凡，亦即非常人所能有或企及的能力和魅力；亦即在他身上具有超自然的形而上的神聖屬性。卡里斯瑪權威的形塑，基本上都與一段動盪的權力關係網絡史連結在一起，它代表著這動盪中的高度不確定和無常的超越，它激發著人們豐富的感受和想像，企圖把人間的權力運行和形而上領域或神聖世界加以連結或接合；這種連結或接合是人的美學能力，能夠激發人的這種美學能力的景象，就會被認為或被賦予所謂的意境，而能夠激發或導引人的這

種美學能力的人，就會被認為或被賦予所謂超凡的甚至神
奇的魅力[12]。因此，卡里斯瑪權威的建構和形塑，代表著權
力政治向形而上領域或神聖領域的延伸，而這也是人的權
力美學能力或政治美學能力的展現。

其實，任何形式的社會批判、政治批判或其他各種批
判，甚至意識形態的建構和運行，若要具有影響力、滲透
力或感染力，就必須能激發人的美學能力，將既存的人間
社會或權力運行和形而上領域或神聖世界加以接合。批判
無論如何都代表對現實的超越，總是要朝更好的更合理的
或甚至美好的神聖的方向去導引，這基本上都涉及到誘發
人的美學能力；如果能這樣，才能使人們打從內心的認同
接受，甚至轉成無意識式的內化以至於非常自然的受影響
和規訓。這也就是說，任何批判必須是一套激發人的美學
能力的論述，從這個邏輯來看，批判可以說是一種美學的
建構。

三、人類美學能力與權力表現

人的美學能力是一種超越現實的能力，從這個角度來
看，人的美學能力是非常政治的，甚至是一種權力的展現；

或者，我們還可說，審美本身就具有權力的特徵[13]。葛蘭西
（Gramsci）所談的霸權（hegemony），就我來看，基本上
就在於呈現一個論題：權力的展現其實就是一個激發人的
美學能力的過程；或者說，權力的展現本身就可以被或應
該被當成是一個審美的對象。一般的統治與被統治的論
述，總是自覺或不自覺的強調，統治者可以將自己的意志
想法強加在被統治者身上，造成統治者的強行壓服和被統
治者的屈從。若從葛蘭西的論述角度來看，這種權力論述
是非常化約和脆弱的；如果一種統治和被統治關係能夠（長
期）被維持或強化，這代表著表面上的強行壓服和屈從，
可能是統治者能夠使被統治者心悅誠服，從心靈情感上自
然自在的接受統治；這其間就涉及到統治者必須能夠讓被
統治者將他們的這種權力關係和形而上領域或神聖世界加
以連結和接合，這也就是如前述所言激發被統治者的美學
能力，讓彼此的權力關係能夠成爲一個審美的對象，如此
一來，權力的運行就有可能被轉成一個審美的過程，而被
賦予了意境或意義。因此，霸權的確立和運行，就是一個
不斷進行的統治或權力審美的過程。在這個意義上，葛蘭
西的霸權論述，其實是一套政治或權力美學的論述；而其
論述的主軸在於強調：統治或權力的運行，是通過將統治

或權力和形而上或神聖世界加以接合而成為可能，或不斷獲得實現的；意識形態的建構，政治人物的言行舉止和形象的設計，基本上主要都是要實現政治或權力的美學化。

　　個人（體）在權力關係網絡中翻滾，絕不可能絕然只是單純的利益和好處的算計，反過來，若個人（體）只能訴求於所謂理性的利益和好處的算計，他的權力或政治地位，是不可能長久或穩固的；就如前述，他必須能夠激發權力關係網絡中的相關各造的美學能力，然後他的權力地位才能被認為有意境或意義。

　　在權力關係網絡中，不管是以改革、革命或保守主義等作為訴求，總是要與某種對現實的超越，從而激發人們某種程度的美學聯想，然後才能獲得民心。如果這些訴求能夠讓人將其體驗為一種終極的關切或形而上神聖的維度，就有可能激發人們熱情或甚至激情，從而使權力獲得超出想像的正當性和合理性。

　　其實，號稱所謂學術或知識的各種論述主張，不管是主觀主義、客觀主義、辯證主義，或經驗主義、理性主義等，基本上都是通過將人與諸如真相、真理、本質等不同形式的終極關切和形而上的維度接合起來，從而激發導引了人們的美學能力，並且獲得認同和支持。從這個角度來

看，各種所謂學術思想或知識，其發展建構的過程其實是非常權力的，因爲其中也涉及到霸權的建立與變化消長。

前面曾提及具有卡里斯瑪權威者，具有超越派系、正式及非正式制度的能耐，這是整個權力關係網絡允許他能夠這樣，或讓他能夠這樣，因爲通過卡里斯瑪權威的建構，權力關係網絡基本上成爲權威的網絡，在其中的個人（體）已經變成從政治等級秩序向情感秩序的轉化[14]，必須不只從內心而且還要在行動上，追隨與接受卡里斯瑪權威的感染和召喚；而這相對的，就會助長卡里斯瑪權威對一般秩序和規則的解構，以及對權力近乎隨心所欲的使用[15]。不過，在這裏仍然必須強調，儘管卡里斯瑪權威可以如此這般的使用權力，但是，他仍然在權力關係網絡中。不過，我們可以說，權力關係網絡相當程度的必須依賴他通過他來運行，如此很容易就讓人認爲他就是權力關係網絡或化身。卡里斯瑪權威的建構，就如上述是政治或權力美學化的表現，這時權力關係網絡的關係主要是擁有這種權威者對網絡中的個人（體）的感召或召喚以及個人（體）對他的追隨，支持甚至愛戴和崇拜；而這樣一來，權力力量就很容易如水銀瀉地的滲入到人們的日常生活的感覺經驗或體驗中，甚至形成一種無意識的情感和經驗結構，此時人就可

能成爲承載卡里斯瑪權威號召的載體或工具，或者可以
說，人成爲卡里斯瑪權威制約下的症候。

　　此外，前面曾經強調權力不只是力量，講得更細緻點
應該說，任何權力都會儘量隱藏使其不會只被認爲赤裸裸
的力量拼搏或競合，而是一套意義，一套合法的意義，甚
至會企圖將這個通過符號表徵的合法意義強加在權力關係
網絡之上[16]。權力的運行最終表現爲符號表徵權的爭奪。作
爲一套以符號來表徵的意義來說的權力，必須建構對現實
社會世界的認知和評價圖式和系統；這其中主要的是涉及
對社會的分類，區隔和命名等建構，或講更細緻點，符號
的建構；通過這樣的符號建構，形塑了種種集團、階級乃
至整個社會世界的結構圖景[17]。這也就是說，在權力關係網
絡中，不管是種種的身分集團或所謂階級，都不是既予的
被給定（given）的客觀事實，而是一個處在不斷被符號建
構過程中的群體或範疇。通過符號將社會進行分類、區隔
和命名，基本上就是將社會內部進行重組和再接合，從而
建構一個社會世界的結構圖像，並且企圖將權力關係網絡
和這個社會世界圖像相結合，進而使權力奠立在一個有意
義的合法和合理的基礎上。

　　關係網絡是任何權力的社會基礎或直接可以說是支持

權力的社會資本，但是關係網絡不是既定的被給定的客觀現實，而是一個處在不斷被符號建構的過程之中；亦即它必須通過符號建構才能成爲權力的社會基礎或資本，這也就是說，關係網絡必須首先被賦予符號意義，成爲符號資本，然後才能成爲社會資本。個人（體）被認同、被支持、被尊敬，擁有地位、名譽和身分，進而擁有權威等，基本上都表示他們擁有符號資本，被人們將他們與具有正當性、意義、價值或甚至形而上神聖的領域連接起來。個人、集團或階級之所以能擁有他們的身分地位、名譽和權威，絕不只是因著所謂客觀的經濟條件的區隔而成爲可能，而必須通過符號建構，形塑人們或社會對他們的認知關係和系統，才會成爲可能；亦即身分地位、名譽和權威，絕不只是一個經濟範疇或現象，個人（體）也絕不只是通過其所擁有的經濟條件或資本來成就自己的身分地位、名譽和權威，這些東西是一種符號從而也是一種文化範疇，他們代表擁有者已經具有符號和文化資本。

因此，我們可以說，人群集團從自在到自爲的轉變，代表著他們從經濟範疇向符號和文化範疇的轉變和被建構。在這裏，我們又必須提到葛蘭西的霸權論述。葛蘭西的霸權論述強調，霸權的建立與運行，是一個不斷建構的

過程，這個過程表現為不是使別人的屈從，而是打從內心的心悅誠服的接受和認同，從而具有正當性、意義和價值。這表示霸權的建立與運行過程，就是符號與文化資本建立與運行的過程。具有符號與文化資本，意味著具有信譽或被信賴，以及得到認同，從而具有權力，而不只是所謂地位和身分。這樣的權力指的是話語的權力，可以通過言語符號去建構給定事物、意義和秩序，講得白一點就是建構現實和歷史的權力[18]，它可以重建或導引人們的認知系統甚至是構成系統；這種權力是賦予行動、選擇和政策意義、正當性和價值的權力，它不同於包括軍事、經濟、司法和警察等強制手段的赤裸裸的硬性權力，它是通過話語、符號來彰顯得到認同、支持和信賴的力量，這可以稱為軟性的強制力或權力[19]。或者，我們也可以說，包括軍事、經濟、司法和警察等在內行使的權力是顯性的權力，而通過話語、符號來行使的權力是隱性的權力。葛蘭西的霸權論述，可以被視為是一種軟性或隱性的權力論述，它的重點不在於赤裸裸的硬性權力或實力的拼搏，而更是著重取得普遍認同支持的軟性或隱性權力的確立和運行。

具有符號權力這樣軟性的和隱性的權力，既然主要是爭取普遍廣泛的認同支持，其最終極的表現形式就是將自

己所代表的利益轉成普遍的利益，將自己所建構界定的意義和秩序轉成普遍的真理，從而不只與一般超越現實的理想，甚至與前述某種形而上神聖領域相結合，導引激發人們的美學能力；到了這種地步，可能就是前述的卡里斯瑪權威的出現。具有符號權力者是現實和歷史的建構者和作者，他們使其他人不是作為讀者，而是作為這種建構過程中的各種角色和身分而存在；而具有卡里斯瑪權威者，則更能使其他人在無意識中將他視為審美的對象，是一個形而上神聖力量的展現和化身。美學的權力不只是創造認同支持的權力，更是創造卡里斯瑪權威的權力，或是卡里斯瑪權威展現的權力；它建構的不只是現實、意義、秩序，而是人們的希望和感情精神寄託的對象。因此，這種美學權力所代表的是對大眾感情精神的號召，從而也是對大眾動員的力量，它基本上已經跨越理性與非理性的界限，可以激發澎湃的感情甚至激情；這可說是權力運行的頂峯，過了這個頂峯其實隨之而來的是激情所帶來的種種災難和悲劇，儘管如此，這些災難和悲劇，在一段時間內，仍然可以通過美學的權力，賦予它美學的意義，形成一幅幅、一套套災難或悲劇美學，將這些災難和悲劇都建構解釋為對於某種崇高神聖境界或目標接近的歷程或必要付出的代

價。在權力美學化的過程，人們的選擇和行動，都被抹上理想的色彩，從而也都被打上政治的烙印；人的感性的、活生生的、豐富的生活及體驗因此退位，人被美學權力要求昇華，卻使他可能因此而無法再成為一般的人，或者無法再做一個人。

　　擁有符號權力，甚至美學權力，基本上也就是擁有話語權力，或者說意識形態的主導權。意識形態是權力通過表意或符號領域表現的過程和結果，這個過程不管是被認為形塑一套虛假的意識，或對現實及歷史的扭曲，或是有關個人（體）與現實的想像關係，其實基本上都是對現實的建構，或是符號語言的建構，以便使權力能夠被視為自然或普遍化，甚至被無意識的接受，化入我們日常生活的點點滴滴之中[20]，並把人們與更大的整體，或崇高的形而上的目標或領域連結起來。意識形態的話語建構，讓個人（體）認為自己可以成為主體，而這個主體的經驗生活，卻必須與一個甚至可被視為烏托邦的崇高或形而上領域相銜接；因此，意識形態將個人（體）的形而下的有形物質生活，感性生活與形而上的精神超越連結起來。意識形態不只是對現實和歷史的建構，同時也是對人或主體的建構，它不只建構了個人（體）的主體性，也建構了現實世界的客體

性，然後讓個人（體）不只化入這個由被建構出來的主體和客體的接合而成的總體中，然後通往一個崇高的形而上的領域或方向去。這時意識形態也就成爲一套政治或權力美學，它將個人（體）塑造爲自覺的或無意識的政治或權力身體。

註　釋

1 關於何謂「話語」的解釋，請參閱吳猛、和新風，《文化權力的終結：與福柯對話》，成都：四川人民出版社，2003，頁205-209。

2 此處對權力的初步界定是參考採用杜贊奇（Prasenjit Duara）的看法，參閱（美）杜贊奇著，王福明譯，《文化、權力與國家：1900-1942 年的華北農村》，南京：江蘇人民出版社，1996，頁3。

3 吳猛、和新風，前揭書，頁 287、290-291。

4 關於接合（articulation）的解釋，請參閱 David Morley & Kuan-Hsing Chen eds, *Stuart Hall: Critical Dialogues in Cultural Studies*, New York: Routledge, 1996, pp.141-145.

5 吳猛、和新風，前揭書，頁 290。

6 吳猛、和新風，前揭書，頁 291。

7 鄒讜，《中國革命再闡釋》，香港：牛津大學出版社，2002，頁 148。

8 鄒讜，前揭書，頁 146-147。

9 鄒讜，前揭書，頁 147-148。

10 鄒讜，前揭書，頁 148。

11 鄒讜，前揭書，頁 181-182。

12 駱冬青，《形而放學：美學新解》，北京：中國社會科學出版社，2004，頁 79-81。

13 駱冬青，前揭書，頁 81。

14 駱冬青，前揭書，頁 86-87。

15 駱冬青，前揭書，頁 82-83。

16 朱國華，《權力的文化邏輯》，上海：上海三聯書局，2004，
　　頁 85。

17 朱國華，前揭書，頁 73。

18 朱國華，前揭書，頁 108。

19 朱國華，前揭書，頁 109。

20 馬海良，《文化政治美學——伊格爾頓批評理論研究》，北
　　京：中國社會科學出版社，2004，頁 135-143。

第五章
文化研究與文本：兼評高華的
《紅太陽是怎樣升起的──
延安整風運動中的來龍去脈》

一、文化研究的意義與應用

　　文化研究要能進一步應用到社會人文領域的分析，有一些觀念就必須被進一步澄清，而對於中國研究來講，這些澄清更有其必要。

　　文化研究對我們而言，主要就是導引我們對現象或對象進行文化的分析，就如同對現象或對象進行政治的或經濟的分析一樣。而什麼叫作對現象或對象進行政治的或經濟的分析呢？首先，最重要的就是將現象或對象看成是文化，這樣一來，又延伸出另一個問題：什麼叫作將現象或對象看成是文化？其中最重要的關鍵，就是將現象或對象視為以語言符號為載體的意義系統，亦即現象或對象不只是一個客體或實體，而是必須被理解或可能被理解；換句話說，就是現象或對象必須被賦予意義（通過語言符號），然後才能被理解，並且產生其作用和影響力。在回答了現象為何是文化的問題後，我們進一步可以來說，所謂對現象或對象進行文化的分析。作為一套意義系統的現象是如何通過語言符號的操作和生產被不斷的被建構和再現[1]。這也就是說，就文化研究的角度來看，現象或對象基本上不

是被給定的（given），而是處在不斷通過語言符號被建構和再現的過程中。

換句話說，從文化研究的角度來看，現象或對象是語言符號博弈（game）下的結果，或是語言（符號）拼搏下的呈現或產物。揭露現象或對象是語言（符號）博弈的結果，基本上同時也就介入語言符號的博弈之中，而這也就是說，文化研究也是語言符號的博弈[2]；若從這個角度觀之，我們也可以說文化研究本身就是一種實踐，一種以語言符號博奕爲基礎的實踐。而且，就文化研究的角度觀之，現象或對象不是給定的，是不斷被建構的，是暫時的；這其中其實就隱含著批判的意涵，反倒將現象、語言論述永恆化。

此外，將現象視爲一套以語言符號爲載體的意義系統，這基本上是將現象視爲一種論述或知識。從上述的邏輯延伸下去，我們可以說論述或知識不是給定的，是處在不斷被建構的過程中，亦即知識、論述以及語言符號基本上都不是中立的，都具有位置性（positionality）[3]；而在他們不斷被建構的過程中，也就牽扯了權力和利益的糾葛。因此，我們基本上可以說，知識、論述及語言符號基本上都是一種權力的展現，或是被置於權力網絡之中。

　　如上述，文化本身具有批判性，再加上通過文化研究可以去揭露現象、論述知識以及語言符號和權力的關係，這使得文化研究本身其實就算是政治，或是有高度的政治性，而如果我們連結上面有關文化研究是一種實踐的觀點來看，我們可以說文化研究是一種具有高度政治性的實踐，或直接可以說是一種政治實踐。

　　語言符號基本上是用來指涉事物或對象的，因此可以稱為一種能指（signifying）的系統，而現象作為一套通過語言符號為載體的意義系統，我們可以說現象是一種能指的實踐（signifying practice）的過程[4]，亦即如上述也是一種通過語言符號不斷被建構和再現的過程。而我們可以再更綜合的講，現象作為一套意義系統，一種文化，是一種能指的再現或建構過程。

　　揭櫫文化研究的重要性，絕不是要重新陷入上層建築／經濟基礎，唯心／唯物，政治經濟／文化等二元區隔的爭論之中，而在避免這種二元區隔的同時，也要極力避免陷入還原論之中，亦即文化研究途徑的被強調，主要克服或跨越過去將一切分析還原到政治、經濟等還原論，個人（體）的文化實踐和政治經濟實踐是結合在一起相互溝通的，講得通俗一點，也許有點化約，政治和經濟是文化的，

文化也是政治和經濟的，他們彼此之間不是主從關係，亦即不是派生／被派生的關係，抽離文化向度，政治經濟是無法理解的，因為政治經濟是在意義情境或語境中運行的，抽離政治經濟向度，文化也會變成抽象而無法被理解，因為文化是通過政治和經濟實踐而被建構的，它是非常具體的，甚至是物質的。

　　將一切還原為文化，這是一種文化主義，它所延伸的化約的問題，其實就如同把一切都還原成政治或經濟那樣的政治主義或經濟主義是一樣的。通過文化主義，人們很容易將文化等同於人的生活經驗、生活方式或甚至日常生活，這其實又將文化做了還原，還原為生活經驗、方式甚至日常生活[5]，這種還原就如同把文化還原成經濟、階級或結構或生產方式一樣。對文化主義而言，包括政治和經濟在內都是文化的，而包括政治和經濟在內的向度都是人的生活經驗、日常生活或生活方式的一個部分或環節，所以文化就等同於生活經驗、日常生活或生活方式。文化主義所具有的還原主義，忽略了一個重點：人的生活經驗、日常生活或生活方式如何可能的問題。人不是在真空中生活的經驗，而是在意義情境中或語境中來進行，其實，將文化還原成經濟、階級、結構或生產方式等，同樣也忽略了

一個重點：經濟、階級、結構或生產方式，基本上也不是在真空中顯現或存在的，而是在意義情境或語境中來運行開展的，他們都處在以符號語境為中介的不斷被建構的過程中。

將文化還原成生活經驗、方式或日常生活，除了有凸顯人的自主性，主體性外，也在強調文化的自主性或相對的自主性，以及比政治經濟更大的覆蓋性，亦即文化是通過人的生活經驗、日常生活或生活方式的開展而成為可能或獲得展現的，它可以連接政治和經濟，而將文化還原為階級、生產方式或某種結構，則是在凸顯文化的被派生性或附帶性或甚至被給予性（given）和客觀性。

文化不是被給定的和客觀的，文化也不是純然的人的主體實踐的結果。文化作為一套符號和話語，既是一套意義系統，也是一個不斷被建構的過程，它是動態的，而不是靜態的，而在不斷被建構的過程中，它除了是符號和話語的之外，更是政治的和經濟的，論及相關各種的力量和計畫的指標和不斷重現，因此它也是具體的，有形的，但同時則呈現一套語境。

文化研究要跳出主體主義（subjectivism）／客體主義（objectivism）的二元對立，它不反對的主體能動性，它反

對一種抽象的，真空式的或本能式的人的主體能動性，文
化研究也不反對結構的存在及其對個人（體）的制約和影
響，但反對一種客觀決定論式的結構制約或影響。結構制
約賦予個人（體）的能動實踐的條件，亦即結構制約使得
個人（體）的能動實踐成爲可能，主體能動是根據或鑲嵌
在結構制約中，而主體能動的開展則進一步促使結構的變
化發展，亦即結構的存在或演變又是依據或鑲嵌在人的主
體能動的實踐過程中。

　　對文化研究而言，結構不是前提、預設或本質，它不
是被決定的純然客觀的，而是一個不斷被建構發展的過
程。它既是個人或相關各造力量和利益拼搏和不斷重組的
展現，同時也是話語和語境的不斷變化發展。而且，不管
是作爲一套套力量拼搏、利益算計、話語符號或規範制度，
結構表現爲各形各色、大大小小的關係網絡，結構通過這
些關係網絡去影響制約個人（體）或相關各造，而個人（體）
或相關各造在這種制約影響下開展的主體能動和實踐又會
去改變關係網絡，同時也改變影響結構。個人（體）處在
各形各色、大大小小的關係網絡中，他們既受到網絡交錯
或重疊式的制約影響，同時也必須通過包括算計、語境符
號運作在內的實踐去接合這些關係網絡，從而也就接合個

人（體）和這些關係網絡，這樣一來，個人（體）既是不間斷的各形各色接合的場域、中介、節點或槓桿，同時也處在不同的甚至是競爭的接合之間的競合之中[6]。個人（體）的實踐就是將自己不斷和關係網絡（亦即各種力量），從而也是所謂整個結構接合的過程，在這個過程中，既涉及到個人（體）不斷將自己接合進入各形各色的團體、組織甚至階級之間關係不斷重組。亦即，涉及到不斷從一組關係中建構出另一組關係[7]。而這就更涉及到話語和語境的修辭、拆解和重建，或者編碼或解碼。在這樣的實踐和接合的過程中，既是政治的、經濟的，同時也是符號的、話語的；既是政治經濟的重組變化，也是符號話語的表述或論述。因此，這個過程是多元因素共同作用的體現，或者這是多元因素相互滲透的呈現。

此外，對文化研究而言，並不會像過往強調有在一塊塊政治、經濟、宗教、教育領域一樣，存在一塊叫作文化的領域，它可以和其他的領域相分離或區隔。而是反過來認為社會中業已被建構出來的領域，都不是給定的（given）或純然客觀的，它是可以透過包括話語、符號在內的介入，不斷被建構的過程，本身就具有話語和符號的意義和邏輯。我們總是將文化研究理解為研究文化，從而去追究何

謂文化，以及如何研究文化，這樣一來，就很容易陷入上
述將文化視爲獨立領域的困境中，而且，也很容易環繞著
如何研究文化而形成各形各色的文化理論。

　　文化研究這個詞或範疇中的文化，應該指的是一種向
度或途徑，總的來說，可以說是以文化這樣的向度或途徑
來進行分析研究，而這種文化的向度或是途徑就是符號
的、話語的向度或途徑；亦即文化研究並不是對文化的研
究或文化之研究，而是通過話語、符號的向度或途徑去研
究分析社會人文現象。將文化研究視爲研究文化從而形成
各形各色的文化理論，這些文化理論可能是文化政治理
論、文化經濟理論、文化社會理論或文化美學理論等等，
亦即可以包括從政治、經濟、社會或美學的向度或途徑去
研究所謂的文化。

　　當代法蘭克福學派（Frankfurt School）所揭櫫導引的
文化批判，基本上仍然屬於對文化的研究，主要在揭露文
化或大眾文化所具有的政治經濟意義，或更具體說，所具
有的階級或資本操作的意義，這樣的論述基本上算是文化
政治經濟學。當然，我們可以認爲，這樣的文化政治經濟
學論述，仍然有可能存在將文化還原爲政治或經濟的問
題，但是無論如何，文化批判基本上不只作爲一個現象被

研究甚至被批判，還讓文化擺脫附帶或被派生的地位。而且，文化批判作爲一套文化政治經濟學，其實也就是作爲一套文化權力論述，而從這個向度延伸下來，就會導引人們注意價值規範、信仰系統、知識系統，甚至日常生活和權力之間的關係。更重要的是，文化批判朝文化凡俗化的方向導引，讓文化擺脫精英主義或高雅主義的束縛，從而甚至主張文化和人的日常生活，如消費和生產勞動等直接連結在一起，或等同起來，從這個角度來看，文化批判也具有某種程度的文化主義色彩。

文化研究強調，政治、經濟、教育、學術、媒體等各種領域或現象，都同時是符號的、話語的，但如前所述，文化研究並不走還原的路，將一切還原爲符號和話語，而是強調政治、經濟、教育、學術、媒體等不僅是具體有形的，同時還是具有意義的，是可以被詮釋、理解甚至是被批判的。亦即他們同時還可以作爲一套套、一堆堆符碼或象徵而存在，讓人可以通過符號和話語進行解釋、分析和批判。而這也就是說，政治、經濟和教育等之所以是具體，基本上是通過符號和語言的不斷表達和建構而成爲可能，並且具有意義的，如此一來，政治、經濟，和教育各種觀念或領域都不是永恆客觀或被給定的，它們總是處在一個

不斷被意義建構的過程中，從這個角度來看，文化研究其
實也具有批判的意涵，因爲它將人們從將各種現象視爲自
然客觀當然的這樣的無意識狀態中帶出來，從而意識瞭解
到各種現象的不斷被意義建構的偶然性甚至是暫時性的，
此外，當我們指出社會人文現象是處在不斷被意義建構的
過程中的同時，我們也就有可能參與建構了社會人文現
象，亦即我們也就參與現實的建構，我們也許爲被建構的
現實提供了一套語境或話語系統，這樣一來，文化研究本
身就是社會或政治實踐，它通過符號和話語出入社會和政
治，從而去建構社會和政治[8]。

二、文本的形成、生產與詮釋

　　既然社會人文現象及其演變發展的過程，是符號的、話
語的，基本上也就可以被視爲文本；而個人（體）既是作
者也是讀者，他們既參與文本的詮釋、解讀和重建，同時
也被納入文本建構的過程中，成爲本文的內容與環節。不
過，在文本詮釋、解讀與建構的過程中，當然是符號和話
語的運行和使用，從而去形塑語境，同時也是一種政治和
經濟形勢與格局的變化發展，以及如前述是將個人（體）

的實踐和關係網絡從而也是結構的不斷接合，文本的註釋
與建構，既然涉及到語境的形塑，它就不只是個人（體）
主體性展現的結果，而可能是有系統生產操作的結果；符
號和話語是可以被有系統的生產和製造的，就如同我們可
以有系統的去生產和製造各種產品和物品一樣。符號和話
語的使用、操作，基本上既是個人（體）的生產勞動，同
時也是個人（體）的生命實踐，而其結果就是文本的建構
和產生，以及如前所述種種語境的出現，或個人（體）與
關係網絡的關係的重組或再生產的接合。

　　面對文本，個人（體）本身既是讀者也是作者，因為
它可以生產文本的詮釋和解釋，從而將文本從一個關係網
絡中拆解下來並重新和另一組關係網絡接合，而在這個過
程，研究者從對文本的詮釋與建構中，找到了自己在關係
網絡中的位置，或可以稱作社會位置，並且為自己作為一
個主體做出了定位[9]；而且對文本的詮釋與建構，基本上絕
不可能就文本來論文本，而是通過特定的語境，並且以社
會和歷史作為中介來論文本，這也就是通過對文本的詮釋
與建構，個人（體）成為鑲嵌在特定語境中的主體，並且
成為社會和歷史存在。

　　面對文本，我們或許可以強調，從民族誌（ethnography）

論述中所謂內部取向（emic）來進行。這種內部取向，強
調從文化承接者本身的認知來觀照文化，在這種取向背後
有一個詮釋學的設定，在詮釋中，我們是不可能重塑他人
的精神世界或經歷他人的經歷，而是能通過他人在建構其
世界和詮釋現實時所用的概念、話語和符號去理解他們[10]。
這個設定認為，雖然存在一個本真的他人（者）精神世界
或經歷，但是我們無法企及，而為了不會越俎代庖，我們
只能用文化承擔者本身的符號和話語去理解詮釋它們，我
們如果經由這個取向及其詮釋學設定延伸下來，我們可以
強調，必須進入文本中既存的語境來觀照或詮釋解讀文
本。任何一個文本有其特定的語法或對事物的認知結構，
但是要求讀者或研究者進入文本的語境中，並依其語境來
理解詮釋文本，這基本上是一種浪漫的想法，企圖讓讀者
或研究者跳離他現實的存在情境或語境。儘管這種要求對
於認為吾人可以完全還原再現真相提出了警告，但是，認
為我們可以通過文本中的語境來理解詮釋文本，這基本上
仍是一種還原主義或本真主義的表現。

　　我們當然不可能因為要強調不涉及價值判斷的「科學
的」面對文本，採取旁觀的、外部的取向去觀照文本，但
是我們仍然要特別小心，我們不可能進入文本之中，非常

純粹的採用文本內部的話語或語境來觀照文本，因爲我們
會通過鑲嵌在既存的語境中去採用文本的話語或語境；在
這個過程中，既是一種詮釋，同時也是一種重建或建構，
而不可能是任何形式的還原客觀真相。亦即，我們不是純
粹的文本中的讀者，而是特定語境中的讀者，我們可以通
過鑲嵌於其中的語境，進入文本中的語境之中；不過，在
所謂「進入」的同時，其實亦涉及到對文本語境的重建和
建構。

　　文本本身作爲一套表意系統、話語系統或象徵系統，
他既是對現實的一種建構，同時也可能是更大範圍的表
意、話語或象徵系統網絡中的一個環節，或者也有可能屬
於某種意識形態中的一環，作爲呈現某種意識形態的症候
而存在[11]。而我們所面對的任何所謂的資料、材料或證據，
其實基本上也都是籠罩在或漂浮在某種或某些表意系統、
話語系統或象徵系統，或甚至意識形態之中；因此我們無
法企求所謂純真本真的資料、材料或證據，況且不管作爲
讀者或研究者都好，基本上也是自覺或不自覺的通過某種
或某些表意、象徵、話語或意識形態系統去面對資料、材
料或證據。因此，基本上並不是所謂資料、材料或證據在
說話，而是研究者或讀者通過某種或某些表意話語系統或

意識形態，並且以資料、材料或證據爲中介來說話；這其
中就涉及到將資料、材料或證據從原先的表意話語符號系
統拆解下來，並和另一種表意話語符號系統接合起來。因
此面對文本，不論我們是作爲研究者或讀者，都會涉及到
資料、材料或證據的語境位置的挪移或變化以及再接合。

　　文本的創造以及被閱讀、被詮釋和被研究，從而被不
斷再創造，既然涉及到語境的挪移變化和再接合，因此文
本所呈現的是語境中的現實或真實，而不是本真、純真的
「真實」，文本和資料、材料或證據的關係，是表意、象
徵、話語甚至是意識形態的關係，我們與其說以新的資料
去推翻或改變既有的文本，使我們更接近真相，或呈現真
相；倒不如說，我們因爲不同的話語、語境或意識形態，
從而能夠去發現所有「新的」資料、材料或證據，從而去
改寫或甚至消滅推翻既有的文本。我們之所以能夠宣稱已
經改寫或推翻既有的文本，並不是因爲我們真的發掘或發
現更多真實的材料或證據，而是我們已經在新的話語、語
境和意識形態的制約當中，我們不可能天真的以爲單憑一
些新發掘或發現的材料或證據就想改寫或推翻既有的文
本；能夠改寫或推翻既有的文本，代表著不同於既有文本
的話語，語境或意識形態的形成，從而使資料被安置在不

同於既有文本的新的話語、語境或意識形態之中。或者說與新的話語、語境或意識形態的接合。文本通過新的話語、語境或意識形態與歷史接合，他們之間將有直接的接合關係[12]，相信文本和歷史可以直接的接合，或存在直接的關係，這也是某種話語、語境或意識形態制約下的結果，我們可以稱這種新的話語、語境或意識形態是一種純粹的經驗主義或本真的經驗主義者。

三、對高華著作的幾點思考

論述至此，我們暫且將注意力轉到發生在一九四二至一九四五年的中共延安整風運動這個實例上來。二十世紀四〇年代的中共延安整風，在中共黨史中的重要性，是毋庸爭論的，而中共官方主流的治史系統，當然相當重視這段歷史；而其他有關中共黨史的著作，也都同樣的重視這段歷史。至於單論這段歷史的著作中，基本上以高華所著的《紅太陽是怎樣升起的——延安整風運動中的來龍去脈》一書相當引人注目。高華在這本書的前言語重心長的說：

> 發生在一九四二至一九四五年的延安整風運動，雖然
> 已經過去五十多年，但是在傳統意識形態術語的詮釋

下，其全貌至今尚混沌不明。本書的目的，並不在於
對主流話語系統中有關整風的論斷展開辯駁，而是試
圖通過對各種有關延安整風運動的史料的辨析和梳
理，對延安整風運動進行新的研究，拂去歷史的塵埃，
將延安整風運動的真貌顯現出來，在官修的歷史之
外，提供另一種歷史敘述和解釋，斯是吾願，是否達
到這個目標，還有待讀者評判吧！[13]

高華這一句語重心長的話，透露了以下幾個訊息：

1.有關延安整風史的研究，一直受到主流意識形態的制
　約，其言下之意在於表示延安整風運動作爲一個文
　本，由於主流意識形態的影響，迄今無法顯現歷史的
　真貌，亦即高華認識到延安整風作爲一個文本而被研
　究，迄今仍然籠罩在某種意識形態的制約當中，從而
　就存在一些不見得能顯現真貌的，但又幾乎是慣性的
　論述邏輯、話語或語境。

2.高華認爲，可以通過對相關史料的辨析和梳理，拂去
　主流官方意識形態制約的塵埃，顯現延安整風運動的
　真貌。在這裏，高華相信，延安整風運動作爲一個文
　本，是可以和歷史真貌直接發生關係的。

3.高華又認為，他的有關延安整風的研究，是要在官修
的歷史之外，提供另一種歷史敘述和解釋，並且期待
讀者予以評判。在這裏高華相信，就算他有關延安整
風的研究能顯現真貌，基本上也是官修歷史之外的另
一種敘述和解釋，亦即另一種話語和語境的呈現。

綜合高華在其著作前言中所透露的這些信息，顯示高
華認識到歷史文本是通過特定的意識形態從而也可能是特
定的話語和語境來呈現的，但是他又期待通過史料的辨析
和梳理讓他所呈現的延安整風這個文本能顯現歷史真貌，
亦即他相信文本可以直接和歷史真相關連起來；而他最後
又有點無奈的說，他所提供的只是另一種歷史敘述和解
釋，或另一種話語或語境。儘管總的來看，高華對於文本
和歷史之間的關係到底為何，顯得有點混淆，但是這只是
顯示，高華已經從相信文本或史料可以直接顯現歷史真貌
這種長期以來制約人心的語境或意識形態中，逐漸的在掙
脫出來。從而有可能認識到，並沒有本真、純真的歷史真
貌，有的只是文本的真實，或語境、話語以及意識形態制
約下的真實。而面對高華所提供的延安整風的這個文本，
讀者或後續的研究者將會通過他們各自鑲嵌於其中的話
語、語境或意識形態來閱讀或改寫高華所提供的文本。

　　通過特定的話語、語境或意識形態來呈現歷史文本，從而去建構歷史，這是一個權力操作和競爭或鬥爭的過程；文本的形成，不管被作為一套知識，或一種認知系統或結構，都與權力有著直接或間接的關係，而這也就是說話語、語境或意識形態的變化發展，其實也就是權力的變化發展，或者說，權力通過話語、語境或意識形態來展現。經過這個向度面延續下去，我們甚至可以說，所謂的史料或證據，既受特定話語、語境或意識形態的制約，同時也受權力關係網絡而制約。

　　在這裏，我們或許可以再引高華在其著作後記中的兩段話，作為進一步論述的憑藉：

　　在大學讀書的那幾年，我知道毛澤東晚年的錯誤已被批評，但毛澤東極左的那一套仍根深柢固，他已滲透到當代人思想意識的深處，成為某種習慣性思想，表現在中國現代史、中共黨史研究領域，就是官學盛行，為聖人避諱或研究為某種權威論述做註腳幾乎成為一種流行的風尚。當然我十分瞭解權威學者的矛盾和苦衷，他們或被過去的極左搞怕了，或是年輕時受到「聯共黨史」、「中國共產黨的三十年」的思想訓練太深，以至於根本無法跳出官學的窠臼。[14]

由於延安整風在主流話語中是一個特殊的符號，有關史
料的開放一直非常有限，這給研究者帶來極大的困難。
但在八〇年代以後，官方也陸續批露了某些與延安整風
運動相關的歷史資料，除了少量檔案、文件集外，也出
版了不少回憶錄，這給研究者既帶來了便利，同時也帶
來了新的問題，這就是如何分析、辨別、解釋這些材料。
應該說，我在中國大陸長期的生活體驗以及我對有關史
料的廣泛涉獵，加強了我閱讀資料的敏感性，我逐漸能
夠判斷在那些話語後面隱蔽的東西。[15]

　　在前段的引文中，高華道出了人是會自覺或不自覺的
通過習以為常的慣性式思維、話語、語境去面對歷史；此
外，人之所以會如此，其實也與所處的權力情境有關。而
在後段引文中，高華注意到，延安整風作為一個文本，它
是一套特殊的符號；而其之所以為一套特殊的符號，是與
其是高度權力和高度政治有關。包括檔案文件和回憶錄在
內的所有史料，是有可能通過權力政治的運作而被管制以
及篩選的，史料是通過與權力運行相關的話語、語境或意
識形態和歷史文本相接合的。至於高華強調，通過其在大
陸長期的生活體驗和對相關史料的廣泛涉獵，使他逐漸能
判斷在話語背後的東西，高華這樣的論述，一方面顯示，

他注意到歷史作爲一套文本，與話語、語境的關聯；而另
一方面，高華卻仍然相信可以通過其在大陸的生活體驗和
對史料的親自廣泛涉獵而判斷文本話語背後的權力和政治
因素，使其可能陷入素樸的、本真的經驗主義之中。通過
高華在後記所敘述的生命經歷，高華將自己的生活體驗和
五四以來被不少中國人追求的民主、自由、獨立、社會正
義和人道主義等話語、語境所呈現出來的價值相接合[16]。這
些話語、語境使得高華能夠處在評斷延安整風的的制高
點，而不是所謂的本真的生活體驗和對史料的親自廣泛涉
獵使其能夠如此。

　　高華的延安整風研究，基本上已將歷史當作一個文
本，而且也注意到了文本與話語、語境甚至意識形態的關
係，亦即與權力政治運行的關係；如果我們從這個角度觀
之，高華的延安整風研究已經有文化研究的色彩。只不過，
由於高華仍然相信通過史料可以顯現所謂的歷史真貌，使
他無法展現對延安整風的文化研究的風貌，而其實在高華
的著作論述中，我們處處可見他從五四以來被強調的民
主、自由、獨立、社會正義和人道主義這些話語和語境的
痕跡，如在論述過程中，不斷提到某些人被逼供，或被懷
疑或歧視，甚至強調一九八〇年作爲延安整風的主角之一

康生被揭露和清算，許多冤錯假案才獲平反[17]。在某種意義上，高華的這本著作，也是歷史的翻案之作，本身就是對於官修的延安史，因此，其所具有的權力政治的意味是顯然的；不過，高華表露了某種擔心，害怕讀者認為它通過了某種擔心，害怕讀者認為他通過某種特定的話語、語境來治延安整風史，會使他的敘述不中立不客觀；因此，高華在後記中強調他寫上述文本一直以求真求實為依歸[18]，這樣的擔心害怕造成高華這本著作無法成為文化研究式的著作的障礙。史料無法永遠自己說話，是讀者、作者或研究者通過某種話語、語境或意識形態，使史料具有意義，並且使它們說話。

為什麼似乎已經知道歷史是一個文本，是一套話語和語境，卻又必須強調史料能夠強調顯現歷史原貌？這其實又涉及到文本形成、確立或產出的一個特性，那就是文本的作者或生產者都希望文本被當作能呈現或再現真實的實現的東西，亦即被當作客體來看待。而這也就是說，希望人將文本和所謂本真或純真的真相或歷史原貌接合在一起，導引人們激發或跨越現實企求或想像本真或純真的真相或歷史原貌這樣的審美或美學意識。

文本形成、確立或產出是一個動態的過程。它的材料

與其說是本真的原材料或史料，倒不如說是被特定話語、
語境或意識形態烘托的史料，或者甚至可以說就是某種話
語、語境或意識形態；他們不是冰冷或僵死的東西，而是
可以不斷和文本作者、讀者或生產者對話互動或甚至相互
溝通。文本生產的工具是話語或符號，其方法是由某種語
境和意識形態所延伸出來形成的，如現代主義、後現代主
義、結構主義和後結構主義等，當然話語和符號同樣也是
受到支持文本生產方法的這些語境和意識形態的制約。文
本的產生和形成，是一套語言和符號的呈現，但更是一套
話語、語境和意識形態的出現。我們與其說，通過文本建
構現實和歷史，倒不如說，通過話語、語境和意識形態，
文本才能建構現實和歷史。

　　高華在撰述上述著作的過程，到過不同的單位和機
構，廣泛的蒐集涉獵史料，其用力之功夫，當然令人佩服；
但高華著作另一更重要的價值在於，通過一些史料的補
助，可能翻轉官修延安史的話語和意識形態，從而通過不
同於官修史的話語和意識形態去重建延安整風史和關係，
因此高華為讀者及研究者所留下來的延安史的文本，與其
說是一些所謂新的史料、證據，或是以這些史料、證據對
延安整風的重建，倒不如說，是一套有關延安整風的新的

話語和意識形態。而這套話語和意識形態可能朝向與更加理想化的公平、正義、多元、人道等理想相接合，或與企求求真求實的目標相連結，以便於導引激發人們的美學意識，從而獲得讀者的認同和接受。

不過，論述至此，爲了避免誤會，我們必須強調，文本的產出、形成、重建並不只是一個簡單的一套意識形態替代另一套意識形態的過程，而是由前文本的意識形態、文本生產者的意識形態、文本作者或讀者的意識形態等多重交織，甚至相互滲透擠壓的過程[19]。因此，文本的形成、產出是一個持續而不斷的過程，它不可能停留在一個固定的完整的有機狀態上。高華延安史的著作，作爲一個文本，歷經前文本（高華著作形成之前）的官方意識形態，作者本身生命經歷和生活體驗所鑲嵌其中的種種意識形態之間的多重交織滲透，亦即仟何以一個文本都不可能是圓滿、邏輯一致、自足的，它會存在各種裂隙、缺失、斷裂、矛盾等[20]。當它被宣告形成或完成之時，也是它又再度被拋入持續的意識形態交織滲透的過程。

文本本身就是意識形態，或者說文本本身就是各種相關的意識形態交之衝突的動盪場域或動力場，意識形態的交織衝突不斷形塑文本，而文本也不斷形塑意識形態，這

是一個永不停止的過程；文本就如意識形態一樣，雖然不斷企圖和超越現實的理想或形而上的神聖領域相連結，但卻永遠不可能圓滿自足一致。而文本雖然就是意識形態，但這並不是說，文本本身的話語、語境和意識形態自覺的、明顯的連接起來，因爲文本的作者或生產者，往往是在無意識之下來呈現意識形態；因此，文本中往往「未說出來的」話，可能更能呈現意識形態[21]。亦即有時那些不形成話語的話語，可能才是文本所要呈現意識形態的核心；此外，文本作者或生產者也可能雖然自覺的受意識形態的制約，但卻經常以間接迂迴的或拐彎抹角或聲東擊西的方式來呈現意識形態的制約作用[22]。

從高華的著作，我們既看到他把延安整風史作爲一個文本，當成一套符號和話語，與企求歷史的真實之間的交織衝突；又看到官修延安史的意識形態和話語與高華的話語和意識形態的交會銜接，但是高華未直接道出的是企圖做歷史的平反之作。透過治延安史，進行文化和歷史批判，從而也進行意識形態和話語的批判。

面對高華的著作，我們不要如他在著作後記中所言力求求真求實那樣，以這本著作到底在多大程度上反映歷史的「真實」來評價高華這本著作的價值，我們要重視的是，

高華是否很誠意的通過其自覺或不自覺鑲嵌於其中的語境
或意識形態來重建延安史的文本；此外，我們也要注意，
不同的話語、語境和意識形態在高華著作中交織衝突或相
互滲透的表現，而且我們更要順此方向，看到由此所延伸
出來的官修延安史和高華延安史之間價值判斷和權力關係
的交織衝突所呈現的對比深度、力度和複雜性[23]。此外，更
重要的是，面對高華延安史的文本，作爲一個讀者和研究
者，我們在閱讀或研究高華的延安史文本時，我們的意識
形態也和高華文本意識形態在進行交會衝突，從而就會延
伸出我們對高華延安文本的價值判斷，或者說呈現高華文
本的價值[24]。因此，對高華延安文本的價值判斷，是通過讀
者與文本意識形態雙方接合的情況來呈現，並不會呈現絕
對必然的一致性；不過，在這個接合的過程中，不只文本
的價值呈現出來，讀者也經歷了他的閱讀體驗；作爲一個
讀者，包括我在內，和高華的延安文本形成一個相互滲透、
相互依託、相互作用的關係；高華的延安史文本形塑了讀
者，而讀者同時也形塑了高華的延安史的文本。讀者可以
自覺或不自覺的通過自己的意識形態讀入或寫入高華的延
安史文本之中[25]。

註 釋

1 Chris Barker, *Culture Studies: Theory and Practice*, London: Sage Publications, 2000, pp.8-9.

2 Ibid., p.4.

3 Ibid., p.5.

4 Ibid., p.8.

5 蕭俊明,《文化轉向的由來》,北京:社會科學文獻出版社, 2004,頁 247-248。

6 蕭俊明,前揭書,頁 250-251。

7 蕭俊明,前揭書,頁 249。

8 蕭俊明,前揭書,頁 259。

9 蕭俊明,前揭書,頁 264。

10 格爾特茲(Clifford Geertz)著,王海龍、張家瑄譯,《地方 性知識──闡釋人類學論文集》,北京:中央編譯出版社, 2000,導讀、頁 52-54。

11 馬海良,《文化政治美學──伊格爾頓批評理論研究》, 北京:中國社會科學出版社,2004,頁 159-162。

12 馬海良,前揭書,頁 163。

13 高華,《紅太陽是怎樣升起的──延安整風運動的來龍去 脈》,香港:中文大學出版社,2000,頁 xiii。

14 高華,前揭書,頁 652。

15 高華,前揭書,頁 652-653。

16 高華，前揭書，頁 655。

17 高華，前揭書，頁 597-601。

18 高華，前揭書，頁 653。

19 馬海良，前揭書，頁 175。

20 馬海良，前揭書，頁 170-173。

21 馬海良，前揭書，頁 172。

22 馬海良，前揭書，頁 172。

23 馬海良，前揭書，頁 180-181。

24 馬海良，前揭書，頁 183；另請參閱，Terry Eagleton, *Criticism and Ideology : A Study in Marxist Literary Theory*, London: Verso, 1978, pp.166-177.

25 馬海良，前揭書，頁 184-195。

第六章
文化資本的實踐：析論延安
整風中的毛澤東

一、對中共權力獲得與繼承的思考

　　長期以來，我們在論述中共的高層政治時，論資排輩以及世代交替都曾經作爲我們分析的根據；而爲什麼在中共黨史發展過程中，毛澤東能夠具有卡里斯瑪的權威（charisma），鄧小平也曾具有人格化的權威，但是在他們之後的中共領導人，爲何只能具有制度化的權威？在這其中，卡里斯瑪、人格化和制度化之間到底有何差異？又有何聯繫？是值得我們繼續探索的問題。

　　毛澤東之所以能具有卡里斯瑪權威感，他們幾乎可以約定俗成的與一九四二到一九四五年的延安整風有關，甚至我們還可以再回溯到一九三五年遵義會議以及一九四一年的中共黨史。從這段中共黨史，我們看到毛澤東如何經由相對優勢地位，逐步具有絕對優勢地位，從而甚至建立他至高無上的個人權威[1]。在這個過程中，不只讓我們看到毛澤東如何改變他在中共高層原先的孤立處境，也讓我們看到當時其他中共領導人的「脆弱」。我們或許可以將這個現象歸因於當時國際環境的變化，使中共其他領導人失去共產國際的有力支持；此外，我們也可以如高華在《紅

太陽是怎樣升起的──延安整風運動的來龍去脈》一書中所說的部分歸因於毛澤東的政治謀略：

> 延安整風為毛澤東顯現其複雜詭奇的政治謀略提供了舞台。毛澤東敢於突破中共歷史上的常規，其手法深沉老辣，對其對手心境之揣摩和制敵謀略的運用，均達到出神入化、爐火純青的地步。毛澤東的謀略既來之於他對中國古代政治術的熟練運用，又源之於他對俄共的「格別烏」手段的深刻體會。[2]

高華這些論斷，除了凸顯毛澤東的強之外，其實也就相對的凸顯了中共其他領導人的弱。面對這種強弱分明的論述，我們要問的是，除了反映「成王敗寇」的歷史殘酷性外，是否能夠再給我們更多的啓發。高華在上述表中努力想從複雜的中共黨史史料中，爬梳出一個歷史脈絡說明毛澤東的強以及其他中共領導人的弱；但是高華的論述只是讓我們看到毛澤東一直變強而其他中共領導人一直變弱，而沒有方法真正讓我們瞭解爲何會如此，以及如此的結果除了造就了毛澤東個人至高無上的權威感或所謂卡里斯瑪的權威外，到底還意味著什麼？說到底，還是無法讓我們參透中共其他領導人當時爲何會如此的脆弱。

　　我們可以同意，延安整風就如高華所說的是：「毛澤東以自己的觀念和思想，徹底轉換中共的『俄化』氣質，將中共改造成為毛澤東的中共的過程。[3]」但是從上述的問題延伸下來的問題是，那些浸染俄化氣質的中共領導人為何如此脆弱？在延安整風之前，中共是在以蘇俄為中心的共產國際的支持下發展起來的，中共領導人的權威相當程度是源自於共產國際和蘇俄的授與。這些領導人被建構或是具有「正統」的理論素養以及能夠配合共產國際戰略策略的有水準的人。蘇俄及共產國際的認可支持，等於賦予了這些領導人的資格證書，由於得到蘇俄及共產國際的擔保，從而使具有這些身分的領導人，能夠獲得權威，並且使他們的論述主張被認為是合法和正當的[4]。這些領導人從蘇俄及共產國際獲得資格認定，從而也就獲得皮埃爾‧布迪厄（Pierre Bourdieu）所說的符號資本（symbolic capital）；蘇俄及共產國際具有對中共任命以及判斷路線正確與否的區隔命名的權力，這樣就使他們具有將符號資本授與中共領導人的權力[5]，這些獲得符號資本的領導人，從而也獲得相應的文化資本，因為他們也會因此而被認為具有「正統」的正當的理論素養或路線主張。

二、文化資本對權力的影響

　　源自於或環繞著蘇俄共產國際而形成的符號資本或文化資本的獲得，使得延安之前的中共領導人能夠擁有權力和權威（被認可支持），從而也關係到中共黨內與中蘇共之間，甚至當時中國與蘇俄之間的政治或權力秩序。不過，由於符號和文化資本，往往仰賴來自於歷史的、人格化的、社會的、國家的甚至於是跨國界的更大權力的支持，當這個支持基礎動搖或改變時，符號和文化資本有可能很快甚至立即變得一文不值，或至少大爲貶值；亦即擁有符號和文化資本的人並不是具有多大的自主性，他們鑲嵌於或依賴於支持他們的更大的權力基礎，這個權力基礎一變動，他們的命運也就隨之改變，從而變得非常的脆弱[6]。乍看之下，符號和文化資本是可以通過自我努力或勞動加以維繫或積累，但是符號和文化資本，既涉及與他者（人）的區別或區隔，也涉及到他者（人）的認知、認可和支持，而這就必須牽涉到跨越我他之上的更大更高的歷史、人格化、社會、國家或跨國家力量的支持。亦即，符號和文化資本的維繫或積累，必須在這樣力量的支持下，才能以社

會集體再生產的方式來加以實現，如果我們從這個邏輯再延伸下去，我們甚至可以說，掌握了命名、區隔或賦予資格的權力，才算真正掌握符號和文化資本；掌握這種權力者，雖然本身不具有符號和文化資本，但他們創造文化和符號資本；而如果既掌握這種權力，本身又具有文化和符號資本，那麼他本身可能就會體現一種卡里斯瑪的權威。

綜上所述，我們說某個行爲者或群體擁有文化資本，是說他們具有特別與他人不同的素養品質、屬性和資格，或者可以說特別的身分或地位；而如果我們說某個行爲者或個體擁有符號資本，是說他們上述的這些品質、素養或身分或地位是合法正當，從而也是被認可支持的。如前述中共以至延安整風之前，是隸屬整個共產國際的一環，由於這樣的結構性位置，使得中共領導人的符號和文化資本，都必須來自蘇俄和共產國際的賦予，蘇俄和共產國際成爲他們的權力基礎以及被認可支持的基礎；但是這些中共領導人必須設法在中共黨內塑造一套機制，通過集體式的再生產過程，不斷去生產文化資本去確保他們的「俄化」品質和素養的優越性地位以及被認可和支持；亦即這中共領導人從蘇俄和共產國際獲得文化資本，但卻無法使文化資本轉向不斷再生產從而獲得維繫，甚至雖然蘇俄和共產

國際可以賦予中共領導人文化和符號資本，但同樣也無法
建構一套機制，能夠賦予中共領導人的文化資本能夠不斷
再生產而獲得延續或維持。這一些中共領導人，在某個時
段內乍看之下非常風光，但這只是表示他們暫時作爲蘇俄
和共產國際不能缺少的一環；而當蘇俄和共產國際這樣的
庇護者對他們失去興趣或不信任時，或當整個國際環境或
秩序丕變，使得蘇俄和共產國際無暇或無法繼續作爲中共
的庇護者時，他們所具有的文化資本以及相應的權力地位
也就可能隨之化爲烏有或大爲貶值[7]。

　　依託在被賦予的文化和符號資本的權力基礎，往往是
非常脆弱的，因爲這樣的文化資本是無法通過自我再生產
來使其擁有者的地位和身分獲得維繫以及延續；我們甚至
可以懷疑，這樣具有文化和符號資本的精英，是否擁有真
正的實力，或者說是否真正擁有權力，更遑論真正擁有真
正令人信服的權威。而這樣的質疑，我們同樣也可以針對
延安整風之前的中共領導人來進行，這些領導人通過蘇俄
和共產國際的賦予所具有的文化和符號資本，在其依託的
基礎不能再給予支持時，這些資本可能就變成負債，或致
命的因素；載舟覆舟的同樣都是這些文化和符號資本。當
國際政治環境變化導致蘇俄和共產國際無暇或無法再扮演

賦予中共領導人的文化和符號資本，或塑造中共領導人的
角色時，提供了毛澤東透過延安整風，替代了蘇俄和共產
國際，掌握了中共黨內命名、區隔或賦予資格，亦即賦予
了文化和符號資本的權力；而同時，毛澤東通過擁有這種
權力讓自己本身擁有來自自身權利的文化和符號資本，從
而使毛澤東具有卡里斯瑪的權威，整個黨機器被改造成能
不斷再生產毛澤東的文化和符號資本以及賦予文化和符號
資本之權力的機器。毛澤東成為自己和別人權力來源的基
礎。

三、文化資本的建構與權力的形成

　　要成為別人獲得文化資本或符號資本的根據或依據，
就必須建構一套不同於蘇俄與共產國際的論述和話語，而
這套論述和話語是在「馬克思主義中國化」這樣的論述中
展開的，毛澤東希望這套論述和話語不只是被理解和詮釋
或欣賞贊成的對象，而是被相信和尊崇的對象，甚至成為
人的身體和生命的一部分[8]。從這裏又延伸出必須對人的意
識和身體加以改造和重塑的必要性和迫切性的要求；通過
對人的意識和身體的規訓、教化和馴服，使他們自覺或不

自覺的認同支持與接受毛澤東命名、區隔或賦予資格的權
力,亦即認同接受毛澤東擁有賦予自己和別人文化和符號
資本的權力。

　　毛澤東建構一套不同於蘇俄和共產國際的論述和話
語,除了統攝在「馬克思主義中國化」的訴求下之外,還
在延安整風中不斷給包括留蘇派和「俄化」的中共領導在
內的政治人物扣上教條主義、主觀主義或宗派主義等的帽
子;從這整個過程顯示,毛澤東其實做了對馬克斯主義傳
承的判教的工作。毛澤東通過對教條主義、主觀主義或宗
派主義的批判,將黨內各派思想與自己思想之間區分出高
下等級,並把自己的思想置於各派之上,從而讓自己的思
想成為馬克思主義傳承的主流和命脈。而與此宗教中的「判
教」相應的是[9],毛澤東在延安整風過程中,通過對國際派
的批判,以及在「馬克思主義中國化」論述的支持下種種
論述和話語的建構,不只讓自己變成馬克思主義理論家,
以及使國際派不能再掌握馬克思主義的詮釋發展權,並且
如上所述讓以自己為名的論述話語成為馬克思主義傳承的
主流;亦即讓原先在中共黨內可能處於劣勢的或被貶低
的,以毛澤東的經驗和論述為基礎的理論或知識建構能夠
擺脫劣勢並且擁有優勢地位,這是一種對馬克斯主義發展

的系譜學的重建，解構了原先中共黨內有關馬克思主義詮
釋發展的優劣態勢，重建了馬克思主義發展傳承的秩序[10]。
這種系譜學的建構，讓毛澤東將以自己爲名的論述和話語
擠入馬克思主義發展傳承的行列之中，取得因爲具有馬克
思主義歷史傳承的位置而延伸出來的符號資本；毛澤東以
馬克思主義歷史傳承的脈絡的重建，解除了蘇俄和共產國
際賦予中共領導人文化和符號資本的地位和權力。

　　通過對馬克斯主義發展的判教和系譜學的建構，毛澤
東在具有文化和符號資本的同時，讓這些資本徹底的個性
化和人格化，他不只成爲馬克思主義理論家，具有傳承馬
克思主義的品質、素養和資格，而且擁有詮釋發展馬克思
主義的權力；此外，他使他所具有的文化和符號資本客觀
化、對象化，產生了許多他自己的文章著作，或者闡釋讚
美他的品質、思想的文章和著作；而且，他還使這些文化
和符號資本制度化，成爲黨員幹部和群眾受教育被改造或
學習的重要材料或依據，甚至以毛澤東思想之名和馬克思
主義連結在一起，成爲中共全黨世界觀、歷史觀以及從事
具體實踐的指導綱領[11]。

　　一直到改革開放之前，中共黨內和中國大陸基本上並
沒有經濟資本存在的社會和政治基礎，人們從毛澤東以及

黨國機器再生產的機制所獲得的文化和符號資本，並無法而且也不能轉換爲經濟資本、貨幣或財富，只能轉換爲權力、地位和身分，變成權力精英。但是這些權力精英的權力基礎，在某種意義上就如同前述的中共黨內的俄化的領導人般是十分脆弱的；因爲他們權力的正當性和合法性，說到底是源於毛澤東，或是毛澤東的賦予，優秀的權力精英們仍然可以經營他們的政治聯繫網絡，來作爲他們的社會資本，但是他們的權威基本上是源自於毛澤東或是毛澤東的賦予。當然，這樣的論述並無意導向絕對的毛澤東中心主義的方向；中共建政以來，毛澤東爲了維繫上述的賦予別人文化和符號資本的權力和權威，必須通過包括反右、雙百運動以及特別是以不斷革命論爲基礎的大壓迫和文化大革命，而不斷防止挑戰從而確保他至高無上的地位。

賦予別人文化資本，通俗的講，就是讓他比別人優，或比別人好或強；而這就必須能夠確立一套判準或論述，以便能夠藉以區隔出他們的對錯、好壞或正確與否。既然隨著文化資本的賦予或取得，是意味著區隔，那麼隨著這種區隔而來的是政府和社會或社會的階層、地位、身分的分殊和差別；從此再延伸下去，就有可能去制約影響著當事者（不管是個人或集體）的社會關係網絡的形成和發展，

亦即文化資本的取得會影響社會資本（關係網絡）的營造
和發展。在毛澤東主導下的中共黨內和中國大陸的人們，
取得源於毛澤東的文化資本，不管在邏輯上或實踐上，都
優先於社會資本的取得；亦即必須取得必要的政治品質、
身分和屬性，才能具有在政治領域中營造或經營社會資本
的必要條件；反過來，人們很難通過社會資本的經營去取
得源自於毛澤東的文化資本的途徑，其中絕大多數只是獲
得種種代理人所賦予的次級或代理式的文化資本。獲得直
接源自於毛澤東文化資本的人，雖然可能一時非常風光，
但是其權力基礎其實是很脆弱的，更何況獲得間接式的區
隔了幾層的文化資本，其權力基礎的脆弱性，更不待多言。

其實，能夠賦予人們文化資本和符號資本的力量，基
本上有以下這幾種：第一是制度規範的力量，其中最重要
的是國家體制的力量，當然這可以包含其他被認為具有公
信力的非政府的制度規範力量；不過，國家體制必須具有
正當性和合法性，才能具有賦予人們社會普遍認可的文化
和符號資本，而其政府的制度規範力量本身也要具有文化
和符號資本。第二是人格化的力量，其中特別是具有崇高
社會、政治、經濟、科技文化和學術聲望者，如獲得諾貝
爾獎者、受人尊敬的宗教家、文化的藝術家、學術權威政

治領袖和社會領袖。第三是被神聖化的力量，包括具有卡里斯瑪權威感的政治領袖，以及因爲修行和濟世救人而感動大眾並且被神格化的宗教家，此外也包括源自於宗教信仰而來的形而上的力量。第四是歷史傳承的力量，它當然也有可能可以轉化成制度規範的力量來賦予人們文化和符號資本；但是這種力量經常以約定俗成的方式去賦予某些人或團體具有文化和符號資本。

　　總的來說，制度和人格化的權威可以賦予人們文化和符號資本，而被神聖化的力量，基本上是被認爲和形而上超越現實的力量相連結，人們對其不只是崇拜而且從中獲得以美感爲基礎的神聖感；這種美學式的神聖權威一經建構，它本身就具有源自於自身的正當合法性，而他所賦予人們的文化和符號資本的價值是大於制度和人格化甚至是歷史傳承能夠賦予的；不過，這種文化和符號資本價值雖然高，但其脆弱性相對的也高，因爲美學式的神聖權威幾乎是不受制約的，它的行使因而也具有高度的任意性。當然，人格化的權威的行使也會具有一定程度的任意性，不過他所受到來自其他力量的制約，相對的比美學式的權威來的多。此外，值得注意的是，從美學式的神聖權威感獲得文化和符號資本，也有可能是從這種權威獲得救贖，或

是在獲得救贖後代替它去傳播福音以及執行權威所強調要
執行的志業或使命，至於所謂從其他類型獲得的文化和符
號資本，基本上就是意味著分享這種權威感的光環，成為
自己有形無形的資產，或轉化成自己的人力資本。不過，
如果能從美學式的神聖權威感獲得某種美學式的地位，亦
即讓自己因此被認為也能夠和某種形而上的力量相連結的
話，這時被賦予者就有可能分享美學式神聖權威的光環，
甚至擠入被神聖化的行列之中。

四、文化資本與歷史論述

前面提到，要能賦予別人文化和符號資本，除了本身
要具有權威或文化和符號資本之外，更重要的可能還涉及
到建構一套判準和論述，以便區隔優劣、好壞、對錯或正
確與否；而這樣的判準或論述必須植基於一套歷史敘事之
上，這一套歷史敘事是能夠判斷優劣、好壞、對錯或正確
與否的後設基礎，因此它本身也是一套規訓式的歷史知識
或歷史觀，而這種規訓式的歷史知識或歷史觀，一方面能
夠引領人們產生與過去對比的意識，另一方面則可能必須
奠立在對每一個完美的（或至少較好的）社會的想像上。

或甚至將歷史的發展與一種形而上的境界連結起來，賦予
歷史發展某種超越的美學的意義，這種美學式的歷史知識
或歷史觀的建立，對於上述所說的美學式的神聖權威感尤
爲必要。至於引領人們產生與過去對比的意識，其中要點
在於將過去歷史建構爲混亂、錯誤、不公不義，甚至是落
後、迷信、壓迫等等層面景象的綜合體[12]；這樣被想像建構
的歷史可能被說成是前歷史或是不算真正的歷史，從而相
對的將歷史的發展奠立在所謂新的、完美的（或至少較好
的）或甚至是形而上的想像的基礎上。馬克思在評論迄至
資本主義階段的人類歷史，曾經做出如同上述的論斷；而
毛澤東的規訓式的歷史知識的建構，更包含了有關馬克思
主義發展的論斷，他通過「馬克思主義中國化的論述」，
將馬克思主義的發展與中國化或在地化或本土化相連結，
從而認爲馬克思主義將會因此擺脫教條主義、主觀主義等
的束縛，並獲得前所未有的豐富發展。

　　這種規訓式的歷史知識或歷史觀的建立，基本上是屬
於意識形態建構的一部分或基礎工作；這種意識形態建構
的重點在於賦予歷史發展的新意義的同時，也賦予人們現
實生命或生活某種動力，讓人們相信可以透過他們創造對
他們及後代而言全新的、全然不同的或有意義的生命或生

活。論述至此，我們必須先強調的是，能夠賦予別人文化和符號資本者，在基本上就是能夠將別人納入其所建構的歷史知識的規訓之下，承認認可賦予者這種建構歷史知識的權力，從而自覺或不自覺的、有意識或無意識的使被賦予者對賦予者顯示或表示忠誠，並且願意或自然而然的按照這種規訓式的歷史知識去過生活或表現生命。因此，被賦予者在獲得某種品質、屬性、形象以及正當性和合法性的同時，他也同時給了賦予者忠誠、認同和支持。更重要的是，賦予別人文化或符號資本，等於在宣示聲稱這些被賦予者應如何生活以及如何表現生命，而且他們是可以作為表率來垂範其他人的；亦即，賦予者在賦予別人文化或符號資本的同時，也把別人納入規訓式的歷史知識的建構序列之中，是他們成為這種建構工程的一部分；這也就是說，使他們成為這種規訓是歷史知識建構活生生的示範樣本，而賦予一個接一個的文化和符號資本，等於在進行不斷的再生產，去不斷證明或鞏固這一套規訓式的歷史知識的正當性和合理性。亦即，通過文化或符號資本的賦予和被賦予，等於在維繫某種規訓式的歷史知識，從而保證社會和人們能夠自覺或不自覺的依此歷史知識所規定的方向或價值運行發展或生活或行動。

　　不過，前面曾提及，規訓式的歷史知識的建構，可能
與某種形而上的神聖領域連結起來，從而具有某種超越的
美學的意義。在這種情況中，建構者本身會成為這套規訓
式的歷史知識中啟動歷史發展的核心或甚至是第一因，從
而使建構者具有歷史的崇高性或神聖性，並且具有美學的
的意涵，甚至激發人們的嚮往，以及尋求救贖或獻身；因
此，從這種美學式的神聖權威感獲得文化和符號資本，就
是獲得能被救贖的印記或獻身的機會，從而也才能夠進入
由建構者所啟動的歷史發展的行列。從這個角度來看，這
種美學式的神聖權威，在賦予人們文化和符號的過程，很
容易形成群眾運動式的風潮，因為人們會自覺或不自覺的
對取得這種權威的「加持」而趨之若鶩；當然，這種群眾
運動式的風潮很容易被操作成民粹主義式的發展，人們會
相信緊跟著這個美學式的神聖權威能盡快盡速地實現美好
神聖的目標。

五、文化資本與美學意識

　　既然尋求美學式神聖權威所賦予的文化和符號資本，
是尋求救贖和獻身，這很容易導致對尋找或被選的人之身

體加以改造訓練和規訓的要求，亦即很容易要求身體的政治化；身體的政治化和接受改造規訓，成為獲取文化和符號資本的先決條件。而通過一波波身體的政治化和被規訓，除了使被規訓者獲得文化和符號資本外，更可以藉此保證美學式的神聖崇高歷史的得以維繫。

　　要獲得制度規範所賦予的文化和符號資本，通常也必須經過一個過程，其中包括學習、訓練和通過種種的歷練或考試，這些其實都是種種的規訓；亦即，要取得這種制度規範式的文化和符號資本，必須接受種種規訓，包括自覺或不自覺的接受規訓式的歷史知識，才能獲得被認定的資格和能力。美學式神聖權威感、人格化的權威或歷史傳承的權威，當然都可能轉化成制度規範的形式，讓人們通過對系統式的規訓，來取得文化和符號資本，從而反過來，能夠不斷維繫鞏固制度規範，甚至也維繫鞏固了美學式的神聖權威、人格化的權威和歷史傳承的權威。從這個角度來看，文化和符號資本的賦予與被賦予，不只是種種權威的展現，更是種種權威感的再生產以及獲得維繫和鞏固。而人格化的權威，可以提升成美學式的神秘權威或如前述轉化成制度規範式的權威，來擴大他賦予文化和符號資本的幅度和深度，否則人格化的權威可能無法獲得穩定的維

繫和鞏固。

　　文化和符號資本的賦予和被賦予，涉及到權力秩序以及權威的維繫和鞏固；而文化和符號資本的意義和價值，也是通過一定的權力秩序和權威形式來確立的，當權力秩序和權威形式改變時，他們的價值就如同前述有可能一夕消失或大為貶值。權力秩序或權威形式雖然依賴文化和符號資本加以維繫，但是當權力與權威格局改變時，原先的文化和符號資本會成為剷除和貶抑的對象，新的權力和權威必須通過新形式的文化和符號資本的建構來確立維繫或鞏固他們自身。

　　論述至此，我們必須回過來回答本文一開始所提出來的問題：為何在卡里斯瑪式的權威之後，很難再出現新的卡里斯瑪式的權威，而最多只能是人格化的權威？前面曾經提及，卡里斯瑪式的權威是一種美學式的神聖權威，這種權威很容易導致群眾運動的民粹主義式的發展；在這裏我們必須進一步強調，這種發展我們很容易釀成社會政治動盪、制度規範的毀壞，以及嚴厲的政治整肅和清除，產生種種的悲劇；這到頭來可能導致對這種美學式的神聖權威的反抗，甚至解構原來的美學式的神聖權威，或者也有可能等具有美學式的神聖權威者過世後，原有的神聖權威

也隨之崩解，接替掌權者都很難再擁有原先美學式的神聖
權威者的權威，頂多只能建構出人格化的權威。尤其是當
接替掌權者與原先美學式的神聖權威者屬於同一個權力系
統和脈絡，例如屬於同一個黨派或政黨，那麼當原先美學
式神聖權威遭到解構時，也就代表著這個權力系統和脈絡
的正當性遭到嚴重的衝擊，接替掌權者很難再像原先美學
式的神聖權威者建構類似的權威。當然，如果美學式的神
聖權威的行使並沒有釀成民粹主義式的悲劇，那麼其權力
繼承者或接替者就有可能從美學式的神聖權威者手中獲得
加持和光環，通過文化和符號資本的取得，而也有可能具
有美學式的神聖權威。

此外，我們也要回答另一個問題：以論資排輩原則作
為權力秩序安排或分析政治的依據，到底代表什麼意義？
強調論資排輩，就是凸顯資歷加輩分的重要性，而資歷和
輩分的累積，代表著種種歷練和知識經驗的積累，從而也
是文化和符號資本的積累。通過文化和符號資本的積累來
排序出權力秩序的等級和區隔，或者建立文化和符號資本
賦予的代理層級，這可以扮演維繫或鞏固上述種種權威的
作用；不過，通過文化和符號資本的積累，從而不斷提升
其權力等級和地位，也有可能被視為挑戰人格化的權威或

美學式的神聖權威，從而遭到整肅或清除。此外，對於資歷和輩分的強調，也是具有防止那些新的不斷具有文化和符號資本者的挑戰，以維護和鞏固既得的權力和地位，而對應於這意義的論資排輩，就會出現對世代交替的強調，要求文化和符號資本賦予代理者更替速度的加快；不過，這種要求同樣有可能被視為挑戰人格化權威或美學式的神聖權威，對於文化和符號資本賦予代理者的挑選以及代理層級的布署，從而遭到整風或清除。不管是對論資排輩，或世代交替的強調，基本上都是文化和符號資本賦予和被賦予的兩種模式；這其中也涉及到對於文化和符號資本賦予代理權的爭奪，這種爭奪可能無損於人格化或美學式神聖權威的行使，但也有可能被認為對這兩種權威的侵擾或挑戰，從而就有可能迫使擁有這兩種權威者出面仲裁，或決定促使哪一個模式的最後勝出。當然，更值得注意的是，世代交替的被強調，有可能代表原先人格化或美學式神聖權威的式微或弱化，甚至是新的人格化或美學式神聖權威的逐漸發展和確立。

註 釋

1 高華，《紅太陽是怎樣升起的——延安整風運動的來龍去脈》，
香港：中文大學出版社，2000，頁 xii。

2 高華，前揭書，頁 xiii。

3 高華，前揭書，頁 xii。

4 朱國華，《權力的文化邏輯》，上海：三聯書店，2004，頁 74。

5 伊萬‧撒列尼（Ivan Szelenyi），〈文化資本的政治表現—析
為沙俄效力的波羅的海德國人現象〉，薛曉源、曹榮湘主編，
《全球化與文化資本》，北京：社會科學文獻出版社，2005，
頁 152。

6 伊萬‧撒列尼，前揭文，頁 148

7 伊萬‧撒列尼，前揭文，頁 167-168。

8 朱國華，前揭書，頁 98-99。

9 （唐）法藏著，方立天校釋，《華嚴金師子章校釋》，北京：
中華書局，1983；華嚴金師子章評述部分，頁 29。

10 吳猛、和新風，《文化權力的終結：與福柯對話》，成都：
四川人民出版社，2003，頁 286。

11 伊萬‧撒列尼，前揭文，頁 149-150。

12 （美）海登‧懷特（Hayden White）著，董立河譯，《形式的
內容：敘事話語與歷史再現》，北京：文津出版社，2005，
頁 102-104。

參考文獻

一、中文書目

王銘銘，《人類學是什麼？》，北京：北京大學出版社，
　　2002。

王逢振主編，《詹姆遜（F. R. Jameson）文集：文化研究與
　　政治意識（第三卷）》，北京：中國人民大學出版社，
　　2004。

法藏著，方立天校釋，《華嚴金師子章校釋》，北京：中
　　華書局，1983。

朱國華，《權力的文化邏輯》，上海：上海三聯書局，2004。

吳猛、和新風，《文化權力的終結：與福柯對話》，成都：
　　四川人民出版社，2003。

李英明，《新制度主義與社會資本》，台北：揚智文化，

2005。

金生鈜著，《規訓與教化》，北京：教育科學出版社，2004。

馬海良，《文化政治美學——伊格爾頓批評理論研究》，
　　北京：中國社會科學出版社，2004。

高華，《紅太陽是怎樣升起的——延安整風運動的來龍去
　　脈》，香港：中文大學出版社，2000。

黃宗智，《中國研究的規範認識危機》，香港：牛津大學
　　出版社，1994。

黃宗智主編，《中國研究的范式問題討論》，北京：社會
　　科學文獻出版社，2003。

張一兵，《問題式、症候閱讀與意識形態——關於阿爾都
　　塞的一種文本解讀》，北京：中央編譯出版社，2003。

鄒讜，《中國革命再闡釋》，香港：牛津大學出版社，2002。

蕭俊明，《文化轉向的由來》，北京：社會科學文獻出版
　　社，2004。

駱冬青，《形而上學：美學新解》，北京：中國社會科學
　　出版社，2004。

二、中文譯著

皮埃爾‧布迪厄（Bourdieu, P.）、華康德著，李猛、李康
　　譯，《實踐與反思》，北京：中央編譯出版社，2004。

伊萬・撒列尼（Ivan Szelenyi），〈文化資本的政治表現
　　——析爲沙俄效力的波羅的海德國人現象〉，薛曉源、
　　曹榮湘主編，《全球化與文化資本》，北京：社會科
　　學文獻出版社，2005。

杜贊奇（Prasenjit Duara）著，王憲明譯，《文化、權力與
　　國家：1900-1942 年的華北農村》，南京：江蘇人民出
　　版社，1996。

阿爾都塞（Louis Althusser）著，杜章智譯，《列寧與哲學》，
　　台北：遠流，1990。

格爾特茲（Clifford Geertz）著，王海龍、張家瑄譯，《地
　　方性知識——闡釋人類學論文集》，北京：中央編譯
　　出版社，2000。

約翰・斯道雷（John Storey）著，楊竹山、郭發勇、周輝譯，
　　《文化理論＆通俗文化導論（第二版）》，南京大學
　　出版社，2001。

海登・懷特（Hayden White）著，董立河譯，《形式的內容：
　　敘事話語與歷史再現》，北京：文津出版社，2005。

斯拉沃熱・齊澤克（Slavoj Zizek）著，季廣茂譯，《意識
　　形態的崇高客體》，北京：中央編譯出版社，2002。

黎安友（Nathan, Andrew J.）著，斯組達譯，《中國危機的

出路——改革的困境和民主的前景》，香港：鏡報文
化企業有限公司，1991。

三、中文期刊

郭華倫，〈論中共之派系〉，台北，《匪情月報》第 22 卷
第 12 期，頁 9-10。

四、英文參考書目

Barker, Chris, *Culture Studies: Theory and Practice*, London: Sage Publications, 2000.

Barker, Chris, *Making Sense of Cultural Studies: Central Problems and Critical Debates*, London: Sage, 2002.

Bourdieu, P., translated by Richard Nice. *Sociology in Question*, London: Sage, 1993.

Burt, Ronald S., *Structural Hole: The Social Structure of Competition*, Cambridge: Harvard University Press, 1995.

Eagleton, Terry, *Criticism and Ideology: A Study in Marxist Literary Theory*, London: erso, 1978.

Fowler, B., *Pierre Bourdieu and Cultural Theory: Critical Investigations*, London: Sage, 1997.

Jenkins, R., *Pierre Bourdieu*, London; New York: Routledge,

1992.

Lucian W. Pye, *The Dynamics of Chinese Politics*, Oelgeschlarger, Gunn & Hain, Publishers, Inc., 1981.

Morley, David & Kuan-Hsing Chen eds., *Stuart Hall: Critical Dialogues in Cultural Studies*, New York: Routledge, 1996.

Richard Shusterman, *Bourdieu: A Critical Reader*, Oxford [England]; Malden, Mass.: Blackwell Publishers, 1999.

Schurmann, Franz, *Ideology and Organization in Communist China*, Berkeley: University of California Press, 1968.

Swartz, D., *Culture and Power: The Sociology of Pierre Bourdieu*, Chicago [Ill.]: University of Chicago Press, 1997.

Tang Tsou, *The Culture Revolution and Post-Mao Reforms: A Historical Perspective*, The University of Chicago Press, 1986.

五、英文期刊

Bourdieu, P., "The Form of Capital." Richardson, J. G. ed., *Handbook of Theory and Research for The Sociology of Education*, New York: Greenwood Press, 1986, pp.241-258.

Dittmer, Lowell, "Chinese Informal Politics", *The China Journal*, No.34, July, 1995.

Nathan, Andrew J., "A Factionalism Model for CCP Politics", *The China Quarterly*, No.53, January, 1973.

Nathan, Andrew J. & Kellee S. Tsai. "Factionalism: A New Institutionalist Restatement", *The China Journal*, No.34, July, 1995.

附錄　派系研究途徑

　　有關派系研究的重要著作有黎安友（Andrew Nathan）的〈中共政治的派系主義模型〉（A Factionalism Model for CCP Politics）以及白魯恂（Lucian W. Pye）的《中國政治的動力》（*The Dynamics of Chinese Politics*）和鄒讜的〈中共政治中非正式團體研究緒論〉（Prolegomenon to the Study of Informal Groups in CCP Politics）。

　　黎安友後來在《中國的危機》一書中，曾經將其派系研究理論，重新再做論述。基本上其派系概念並沒有改變。他認為，派系是透過一種叫作「同伙關係」（clientelist tie）的人際交往關係而形成的。而所謂同伙關係具有以下幾種特點[1]：

　　1.是「一對一」（one to one）的兩個人之間的人際關係。

2.這兩個人之間的人際關係，是透過互相交換服務
（services）與好處（gift）而建構起來的。

3.透過服務與好處的交換，兩個人之間會彼此瞭解自己
的權利和義務。其中有一方會認爲提供對方服務是其
義務，而從對方得好處是其權利；另一方則認爲，提
供對方好處是其義務，而從對方獲得服務是其權利。

4.這兩個之間的財富和社會地位是不平等的，存在著明
顯的差距。

5.這種關係不是指揮與被指揮、領導與被領導的上下從
屬的權利關係。

6.這裏個人的關係也不是一種市場交易關係，他們之間
很難找出衡量等價的標準。

7.這種關係也不是正式的法律契約關係。

8.因此，這種關係可以在雙方的自由意志行使下，隨時
被終止，而不會遭到法律或政治性的懲罰。

　　以同伙關係爲基礎，在理論上基本可以形成簡單派系
（simple faction）及複合派系（complex faction）。而所謂
簡單派系是以單一派系領袖爲交點或核心，通過其個別與
其他人建立同伙關係，從而將這些人納入其派系之中。這
種簡單派系的圖解如下：

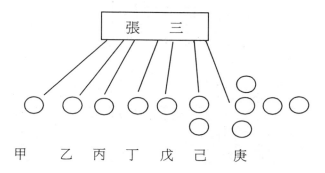

上圖張三這個簡單派系，是藉著張三分別與甲、乙、
丙、丁、戊、己、庚甚至更多人建立同伙關係組合而成，
其中派系成員的人際關係主要是與張三這個領袖的縱向同
伙關係，派系成員之間不必要有橫向的人際交往關係。因
此，所謂簡單派系就是以單一領袖為交點，以領袖和成員
的同伙關係為中介所形成的人際組合網絡。

　　而複合派系是包含一些次級派系，以次級派系領袖為
交點，通過次級派系領袖間的同伙關係，形構而成的。複
合派系可以圖解如下：

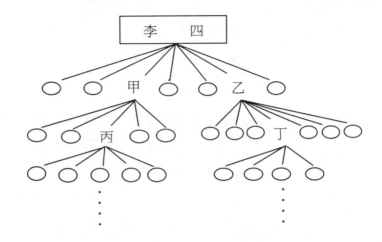

　　李四這個複合派系，就是以李四和甲、乙、丙、丁等甚至更多次級派系領袖爲交點組合而成的，其中的次級派系之間不必要有橫向聯繫關係。

　　在解釋簡單和複合派系後，我們可以進一步理解派系的本質和特性：

1.派系是通過個別徵召方式組成的。

2.派系成員所受的規範是個別的規範。

3.派系具有不可移轉，或不可被接管的特性，如果派系
　領袖死亡或因嚴重原因不能視事，其他人不能接管這
　個派系，因爲其無法像原領袖個別的與同樣的成員分
　別建立同樣的同伙關係。

4.派系間的互動規則是一種非零和式的規則，任何派系

都不可能期望完全消滅敵對的派系。

5.派系領袖如果死亡，就會出現樹倒猢猻散的現象，趨於解體；但派系領袖如果只是暫時失勢或失敗，等他重新東山再起時，其派系有可能重新復活。

6.派系不可能無限制擴大，因爲派系領袖所能擁有的資源必定是相對有限的，而且在複合派系中，由於利益和資源是由上往下分配，各個次級派系都會站在派系本位的立場儘量裁留利益和資源，這會導致次級派系間的矛盾，甚至使下游的派系失去對整個派系的向心力；尤其是派系基本上是純粹的利益組合，當派系逐漸坐大時，各次級派系最關心的是其利益，這必然會導致派系間的衝突和齟齬，甚至分裂，以至於發展到都由最高領袖直接領導的水平；而當領袖死亡或退休時，複合派系中的次級派系就有可能發展爲新的複合派系。

7.派系擴大或邁向勝利時，由於各次級派系領袖們是投機性的利益聯盟，就如前述會發生衝突；此外，擴大與邁向勝利相對的會使領袖喪失對次級派系的直接控制與直接交流的可能性，從而會導致領袖在政治上的引退以及派系的公開分裂。分裂與衰弱幾乎是派系

擴張或勝利後無法避免的辯證宿命。

8.派系無法進行組織化、建制化、全面性的動員，這是
由於其同伙關係基礎，縱向的單線人際結構以及趨向
分裂等因素所決定的。由此觀之，任何派系都不能持
久的統一天下，定於一尊；在派系活動領域中，單一
派系取得並維持長時期絕對優勢的地位的現象是不
可能出現的。

基於上述的派系結構特徵，黎安友認為派系具有以下
特徵[2]：

1.由於派系彼此深知無法絕對壓垮或消滅對手，以至於
較小對制度內的反對者進行暴力殺害、監禁或沒收他
們的財產。

2.而由於派系互動的非零和結構，對於派系而言，防衛
性的政治戰略考量和運用遠超過主動出擊。

3.當派系要主動出擊時，通常是秘密的準備和出其不意
的進攻，以便使對手事先準備和防禦的可能性降至最
低。

4.但面對這樣的進攻行動，其他派系會聯合起來反對，
以防止其進攻成功，成為強人領袖。

5.由於派系活動領域是個變動不居的結構,任何派系都
　會被迫加入一系列變化多端的結盟關係之中,朋友與
　敵人的界線隨時會發生改變。

6.因此,派系不會也不能將意識形態的一致作為與其他
　派系結盟的基本條件;但是,當派系之間爭奪權力資
　源時,卻必須以意識形態、榮譽、面子等理由為其鬥
　爭衝突提供師出有名的辯護。

7.派系一方面會防止體系內強人領袖的出現,另一方面
　也會反對來自體系外部企圖摧毀派系體系的力量,藉
　以維繫派系體系的運作;亦即派系體系對來自內部和
　外部的挑戰,總是會試圖重建派系的平衡運作,不會
　允許任何力量摧毀派系體系。

　　就黎安友來看,其實派系對於局外人而言是隱性的人
際網絡,並無具體的組織或界限;因此局外人對於派系其
實很難,甚至不太可能一窺堂奧,或直搗黃龍式的完全加
以掌握。

　　白魯恂在其《中國政治的動力》（*The Dynamics of
Chinese Politics*）對於派系理論的建構,還牽扯到對利益團
體或官僚組織研究途徑的批評。他強調,如果瞭解派系在
中國政治中的角色,就不應該以工業發達社會的利益團體

或官僚政治來理解中國的政治。因爲中共的派系，幾乎很少清楚的表述明確的制度性、世代性以及地域性的利益；當然這不表示，這些利益考量不會成爲派系形成與維繫的因素。

　　派系是以權力的網絡爲結構性的基礎而形成的。基本上，派系是隱性的而不是顯性的，而且具有跨制度、組織、地域與世代的特性。而權力網絡中的人，是通過「關係」作爲中介，從而組成派系的。「關係」代表著人際間彼此的熟識和相互認同或歸屬感，而以此爲基礎，彼此就可以相信擁有相互的信任、忠誠和同仇敵愾的心，甚至去維護、提高彼此職位和利益。至於「關係」的形成是由於彼此擁有特殊性，例如，同鄉、同師門，或父執輩、是朋友等等因素。這種「關係」不是一種主顧（patron-client）關係，其中沒有法律或其他強制形成的約束力。

　　派系與政策的選擇有關，但絕不能認爲派系是對應政策偏好而組成的。的確，某些政策可以變成派的商標，而且任何新政策的提出，也會被解釋出有利於某派系或不利於其他派系；但是，在權力網絡中，人們不會因爲政策好惡而結成派系，派系不是「意見團體」（opinion groups）。人在權力中形成派系是爲了維護權力以及追求職位的安

全，將權力網絡中上下層的人聯繫在一起的是相互依賴感，當事雙方都認為需要對方來保護自己，以至於雙方都認為必須對彼此忠誠。因此，將個別的人結合成派系的也不是意識形態的因素，而是關係。這種關係在權力階層網絡運作，形構一種上下連結的關係，向上支持在上位的領袖，而反過來，向下尋求追隨者以確保權力[3]。

　　一般人都把中共黨內的衝突，叫作兩條路線的鬥爭；其實，這種明顯兩極化的分化只有在極端危機的狀況中才會產生，是相當罕見和例外的。就如前述，派系是一種隱性的、由不確定的成員組合成的人際組合網絡，有時這種網絡鬆散的似乎不存在，而有時又會有很大的動作[4]。

　　領袖不會很明顯去建立追隨他的人際網絡，因為這對於中共的政治倫理來看，基本上是一種禁忌。由於中共的權力階層結構，會很自然的使處於權力下層者去追隨或附著某些特殊的領域；亦即，任何中共黨內的領袖，只要擁有成功的經歷職位和威望，就會發展出一個潛在支持者網路，而除非他能滿足這些支持者的要求，否則這些潛在支持者就會另覓支持對象。其結果就是這個領袖可能會顯得相當孤立，而其對手會發現他的脆弱性，企圖使他下台，取而代之，以便用他的職位去滿足他們的支持者的人際關

係[5]。

　　在中共政治領域中，會有許多刺激因素可以動員隱性
人際網絡成為積極的派系組合，但在中共政治領域中，是
不允許用私下的管道來進行動員的；結果，大眾傳媒便成
為傳達領袖意圖、動員人際網絡、形構更大規模結合的手
段。隱晦式的引經據典的用言辭去攻擊對方領袖，成為派
系衝突的先聲，而派系的力量，往往可以視這種攻擊被支
持的程度而定；有時候會透過對什麼是「好」、什麼是「壞」
的奇妙式或伊索寓言式的討論，來展現或測試派系的動員
能力。此外，有時會透過對公共政策的討論來動員派系，
而就算用這種方式，也會儘量使用象徵性的手法來表示，
或用意識形態來裝飾。為什麼會用這種方式來進行動員
呢？白魯恂認為，理由有以下幾點：

1. 掩蓋共識已遭挑戰的事實，以便減低因為爭論對精英
   領導層造成全面傷害的可能性。
2. 萬一攻擊的口號或言辭不能迎合人心或不受歡迎的
   話，降低自己被責難的程度，而那些支持者也可以簡
   單的假裝沒有事情發生[6]。

　　派系政治的動力不只是造成象徵性語言符號的擴大使

用，也使得中共政治言辭趨於誇張。需要誇張的原因，是因爲真實的陳述無法對政治忠誠進行令人滿意的測試[7]。

　　派系既是隱性的，那麼其界限也就顯得相當模糊，具有高度的不確定性，以至於人們往往很難弄清楚某些官員事實上是否屬於這個或那個系統。由於派系這隱晦的特性，使得派系在遭受攻擊時，通常會出現兩種對立性的反應，在派系邊緣的人時常採取避免被解殺的姿態，否認他們與派系有任何聯繫，而在核心部分，會企圖強化他們的聯繫，提高戰鬥意志[8]。此外，當派系正在竄起時，也會有相當的不確定性，沒有獲得利益者會忿忿不平，而且萌生叛意；相反地，獲益最多者將會緊密的結合在一起[9]。

　　此時用以連結派系的理由，在另一個時候，條件變化了可能變成導致不滿的理由；派系成員對於過去事件到底是好是壞，並不必然具有相同的認知和詮釋。由於派系的不確定性，因此派系不具有楚河漢界式的鮮明界限，權力網絡中的人，其派系歸屬的選擇也是相對不確定的；所以對於不同派系選擇，或改變派系選擇，很難用嚴厲的手段，如死刑等來加以懲罰。在中共的政治領域中，經過政治整肅後，基本還是可以採取再教育的方式使被整肅者復職。在派系政治中，被整肅失勢者，有可能東山再起，甚至可

以挫敗原先占優勢的派系領袖。

　　白魯恂的派系觀念，與黎安友的看法有些是滿接近的，其中尤其是兩人都將派系看成是隱性的、不確定的，以及沒有固定界限的人際組合，頗引人注目。而且兩者基本上都認爲派系政治是非零和式的政治，任何派系或派系主事者很難用殘酷的手段，企圖去完全消滅對方。

　　白魯恂相當反對用意見團體或利益團體的角度去理解中共政治。他強調，儘管沒有人會認爲，政策議題不會影響派系的重組分合，或派系鬥爭的結果不會影響政策變化，但是也不能過分強調政策議題在派系衝突中的角色。派系領袖環繞著政策進行激烈的爭論，並不必然是由於理性的知識分歧，而可能是因爲他們預見政策的效應將影響或改變他們各自的權力位置。權力位置的考量優先於政策的好惡，因此，在權力鬥爭中勝利者往往並不會雷厲風行的去執行他們所喜歡的政策；有時他們甚至還會採納被打敗者的政策。在中共的政治中，現實的議題反而容易獲得妥協，但一旦涉及到派系權力考量時，就很難取得妥協。權力因素是政治鬥爭中的最基本因素，派系表面上爲政策議題爭論，但其實背地裏都會落到權力的考量上來[10]。

　　白魯恂認爲，在中共政治運作中，政策與權力之間之

所以存在差距，還有一個文化理由。就中共的政治文化來看，政策是智慧和道德的體現，應該是領導者睿智運作下純樸的產物，絕對不應該是權力考量下妥協的產物；中共不是透過政策來證成政治合法性，而是體現領導者英明睿智[11]。

在中共政治運作中，一般政策的主要制定者通常也不是從行政責任去考量政策制定。在決策過程中，由於共識必要性的要求，領導精英的自主性，以及行政機構薄弱的建制化現象，使得決策甚少能夠進行制度性的或專業性的利益考量；中共官員不認為有必要去維護他們責任範圍內的特殊利益[12]。從許多證據顯示，經過派系鬥爭之後，新的政策才會被提出，派系鬥爭剛開始都以政策辯論起始，中間經過路線爭論，甚至理論分歧，最後才會有人赤裸裸的將權力鬥爭擺上檯面；政策、路線以及理論的爭論和分歧都是回歸到權力因素之上。

中共政治運作中的意識形態色彩是相當鮮明的；官員的道德性以至於他們的意識形態形象，會決定他們工作的成功失敗與否。而且，意識形態因素充滿在政策的制定與執行的過程中，政策被認為是正確意識形態思想的應用擴展；意識形態的爭論是派系政治最敏感和最通常的形式[13]。

意識形態的爭論是派系區隔和認同的必要手段。

　　白魯恂認為，由於中共政治強調集中和一致的特性，中央風吹草動，就會衝擊影響下層，不只是黨的成員，甚至非黨員都會很注意，領導幹部必須對上層的變化保持敏感的反應。在這種結構之下，底層或下層的幹部為了要保護自己的地位以及免於受不預期事件或因素的衝擊，就必須與上層的幹部官員建立個人的聯繫網絡，這種過程連最低層的組織中也明顯的存在[14]。對有權力的人尋求認同的強度，是通過人的不安全感而獲得強化的。在強調高度集中和一致的政治結構中，人如果沒有進入權力脈絡中，馬上就會有深沉的孤立感；而且人如果不能尋求與上面有權者保持一致，其生活也會出現諸多的困擾和問題。中國人對於權威的需求，是一種「依賴的舒適感」的表現，這是一種中國人特殊的人文現象；而依賴感成為人們尋求聯合，以至於成為派系的動機[15]。亦即，在強調集中與一致的階層結構中，對權威的需求與人的依賴感是互為表裡的，而透過這些動機表現出來的具體實踐行為就是尋求「關係」的建立，進行「自己人」或「圈外人」的區隔認定。不過，在中共的依賴性的權力結構中，雖然低層的人找到他們權力依賴關係時，就會認為有安全感，前途也會看好；但是，

在上層有權勢的人並不會覺得,他們必須或甚至應該代表
依賴他們的那些人的利益。事實上,依照中共的道德倫理
來看,領導者如果代表了任何特殊的利益都是不正當的[16],
領導者在表面上都會傾向於用很冠冕堂皇的集體主義或意
識形態理由來掩飾其派系活動和運作,或為其派系運作進
行合理化、師出有名的辯護。

　　綜合以上論述可知,白魯恂認為,派系不是政策取向,
官僚單位本位取向的人際組合,具有跨官僚組織、階層組
織的特性;而人們尋求建立關係,進而形成派系,主要是
受強調集中和一致的階層結構制約,這種結構性因素,激
發了人們迫切需求權威和依賴的動機,在這種結構下所形
成的派系,既不是意見團體,也不是利益團體,他們所尋
求的不是某些特殊的利益,而是人的生涯發展的人際防護
網絡。

　　鄒讜(Tang Tsou)在一九七六年曾經在《中國季刊》
(*The China Quarterly*)發表〈中共政治中非正式團體研究
緒論〉(Prolegomenon to the Study of Informal Groups in
CCP Politics)一文,對於黎安友上述的派系理論進行批評;
在此文中,他還對文革之前有關中共研究的途徑,尤其是
官僚組織模型進行反省和批判。

　　鄒讜指出，在文革之前，西方學者在分析研究中共政治時，有意無意的都受到韋伯官僚模型的影響。通過抽釋出官僚的形式特徵，作爲分析的憑藉或指標，至於非正式的集團，人際網絡以及非正式規劃，由於被視爲是官僚組織運作的障礙，因此必須被取消或不允考量。此外，也有些學者從極權主義出發，以精英理論（elite theory）來分析中共政治；由此觀之，中共的精英政治主要是建立在領導者超凡魅力（charisma）日常化（routinization）的基礎上；這種途徑將韋伯的「法律──理性」秩序和超凡魅力兩個概念混在一起，以便於企圖整合官僚和精英理論[17]。

　　極權主義對於中共政治結構和過程的分析太過簡單化；而官僚組織理論則無法說明非正式團體在中共政治運作中的角色。文革爆發後，對於中共研究衝擊很大，必須進行詮釋的重建工作；黎安友前述的文章，在這過程中扮演相當重要的角色，因爲其開啓了對中共政治中非正式團體行爲和角色研究的大門。

　　鄒讜認爲，黎安友的論述首先是建立在一個基本命題上；既存組織的階層結構以及因此而建立的溝通和權力網絡，提供了複合派系能夠延伸其非正式的人際效忠和關係的基礎。這個命題指出正式官僚結構和非正式團體

（informal group）間的關係，是個值得重視的問題。

　　不過，有關中共政治的研究，應該以非正式團體取代複合派系。其理由如下：

1. 按照黎安友的界定，其實複合派系只是環繞著官僚組織所形成的某種可能形式的非正式團體；非正式團體可以包含黎安友所謂的複合派系。
2. 跨官僚組織的非正式人際團體與正式官僚組織間並沒有一定的界線，非正式團體可能會發展轉變為擁有正式的官僚角色和地位。

　　這是促使官僚組織和政治系統運作最有趣的現象[18]。黎安友的複合派系概念，將派系視為獨立於（或至少大部分獨立於）官僚組織之外的跨官僚組織的人際組合，甚至具有左右影響主導官僚組織運作的作用，賦予派系在中共政治中的主體角色，從而將中共官僚組織抽象化。

　　在黎安友的理論模型中，中共政治系統中的主要複合派系具有平等而且獨立的地位，沒有組織或系統性的限制可以影響派系的活動，複雜派系只是追求狹窄的權力利益，組織目標與他們是不相關的。鄒讜認為，正式官僚組織和正式政治建制對於非正式團體的大小和能力有相當鮮

明的影響。

　　在另一方面，就如前述，黎安友認為，派系政治的互動規則是非零和式的，任何派系不要期望能夠完全消滅對方，擁有絕對的優勢。鄒讜指出，黎安友主要是從法國第三、第四共和的經驗以及對於早年國民會議中的派系的研究得出上述的經驗。不過，翻開中共的歷史可以看出，主要的政治競爭團體可以相互的打敗以及消滅對方；中共政治中非正式團體的領導者，其行徑與黎安友的「派系」有很大的不同，而且是在一種非常不同的規則下運作的；非正式團體往往會藉著控制或掌握黨內的正式權威機構，來擁有絕對的權力優勢，進而以此為憑藉去挫敗以及消滅主要的對手，這也就是說，非正式團體具有宰制的野心。中共的組織結構、意識形態、制度和環境等因素，營造了非正式團體形成的條件，而且使這些非正式團體可以透過上述這些因素，打敗以及消滅它的主要競爭對手[19]。

　　從一九六九年林彪事件，中共政治似乎相當符合黎安友的模式，環繞在林彪身邊的非正式團體，以至於可以成功的抗拒毛澤東的意願和他的非正式團體。毛澤東以及他的非正式團體在形式、意識形態以及政策取向上占有優勢；但是，林彪以及他的非正式團體卻在實踐上以及政策

執行上占有優勢。但事實上，文革期間，毛澤東在所有領域擁有優勢，而且就如黎安友自己講的，毛澤東的目標不再純粹只是改善他的派系在中共政治領域中的位置，而是想要終止派系以及派系主義心態，並把黨作爲體現毛澤東意志的工具[20]。鄒讜認爲，非正式團體間的遊戲規則是零和式的，而且會朝強人政治的方向發展。團體以及領袖所努力的，不是保護他們的權力基礎，而且經常是要增加他們自身的權力，他們這麼做並不是通過秘密準備以及奇擊方式來運行。中共政治並非避免強人政治的出現；相反的，唯有強人的出現才能獲得勝利。而且在一連串的權力鬥爭中，正當性（legitimacy）的問題亦經常會被提出；所謂兩條路線鬥爭是奠立在某種明確的正當性概念的基礎上[21]。

此外，中共的政策制定經常是通過某個觀點壓過其他觀點形成所謂的團體間的共識來完成的。而且，儘管中共可能會犯許多決策的錯誤，但中共並不會不能採取決定性的行動去落實政策。事實上，中共政策的間斷和反覆不必然是派系鬥爭的結果，而可能是適應環境變遷或是政策失敗的結果[22]。

就鄒讜看來，連文革期間的中共政治也與黎安友的理論模型有很多點相左：

1.派系或派系聯盟會去摧毀對方，而且會透過擁有充分
　的權力很成功的這麼做。
2.這麼做的目標是為了摧毀派系體系。
3.正當性的原則不只是被討論而且是成為派系鬥爭的
　基礎。
4.派系鬥爭的結果，會使許多新的政策和制度被採納和
　落實[23]。

　　通過以上的反省批判後，鄒讜認為，可以參照黎安友
的模型進行新的研究途徑的建構，而這個建構是建立在以
下這兩個前提上：其一，一個或多個非正式團體及其領袖
的目標是想要在黨內擁有優勢和主導權，摧毀某些其他的
非正式團體，或將他們納入控制之下。其二，包括組織結
構、意識形態、制度、文化或其他客觀條件使一個團體或
領袖能夠擁有優勢或主導權。光是這兩個前提，就已使中
共政治完全不同於黎安友模型所論述的情況[24]。

　　當領袖與團體形成另一個非正式團體，而且這個團體
領袖的優勢位置被認可後，上下領導從屬的關係就會取代
原先的平等關係；這種團體內以及宰制團體和其他團體間
的權力關係，都會被納入權威結構內以建制化方式確定下
來；而具有宰制地位的非正式團體，可以使用階層式的權

威結構和正式的溝通管道來行使它的權力，非正式的結構變成正式結構的一部分。現實的權力與正式位置連成一氣。

不過，並不是所有的非正式團體都會消失，他們其中有些團體只是變成具有宰制地位的非正式團體的組成部分，但同時又會有新的非正式團體出現。在現實的人類社會中，權威很少是絕對的，而權力也很少是不可分割的。爲了要維繫權威和權力，就必須運用包括說服、談判、妥協、合作以及討價還價等在內的諸種非權威性的方法和作爲。假使領袖想要提高政治系統的能力，他就必須強化不同官僚的整合，而這種整合必須藉著將其中某個官僚組織置於其他官僚組織之上才有可能；再而，爲了使這個官僚組織能有效運作，他必須將權威賦予某個人；在強化主要的官僚組織和領導者的角色的同時，必然會增強其權威和權力，從而犧牲最高領導者的權威和權力[25]。

當兩個或更多非正式團體或團體聯盟陷入僵持狀態時，其中某個團體將會企圖通過建立自己的聯盟，或將其他團體捲入鬥爭中，來打破僵持狀態，這會擴大政治參與的範圍[26]。

在中共政治中，非正式團體的鬥爭不斷持續在進行著，他們彼此之間存在高頻率的互動和深沉的人際網絡，

這會強化愛恨的感情。當衝突爆發時，很容易導致先前存在過的關係的完全破裂，以及對異己者和被打敗者的整肅。因此，其實中共黨內的鬥爭並沒有遵循像黎安友所謂的文明的方式來進行，只有當領導者的意識形態和組織的權威已經建立時，才會出現黎安友所強調的現象[27]。

國內研究中共的前輩專家郭華倫認為，美國學者尤其是白魯恂提出派系理論，是與台灣研究者看法接近的先聲。而對於白魯恂的理論，郭華倫最重視的地方是白魯恂指出，在中共政治制度中，政策不如權力重要；中共內部衝突的基因為權力，而非其他問題。郭華倫認為，中共內部鬥爭，實質上就是派系鬥爭，而鬥爭的最後目的，則是爭奪黨的領導權，亦即是為了權力。郭華倫以此觀點批評有些學者以為中共內部鬥爭以政策路線為主，權力爭奪為副，或者兩者兼而有之的看法。此外，郭華倫也反對以西方的會議政治或政黨活動來說明中共政治和派系，從而把中共派系看作是意見團體或利益團體的看法，他認為以利益團體的角度來看中共，忽視西方與中國大陸不同的事實，中國大陸是中共一黨獨裁的政體，所謂各「民主黨派」絕無獨立自主的活動可能；同時中共黨內亦不容許非正式的但卻具有建制化、組織化的小組織、小團體的活動，因

此不可能如西方學者所設想的建立所謂「意見團體」或「利
益團體」[28]。

（原文收錄於作者一九九五年出版《中國大陸學》一書）

註 釋

1 以下論述，參見 Andrew Nathan, "A Factionalism Model for CCP Politics", *The China Quarterly*, No.53, January, 1973.

2 黎安友著，斯組達譯，《中國危機的出路——改革的困境和民主的前景》，香港：鏡報文化企業有限公司，1991，頁 26-31。

3 Lucian W. Pye, *The Dynamics of Chinese Politics,* Oelgeschlarger, Gunn & Hain, Publishers, Inc., 1981, pp.7-8.

4 Ibid., p.8.

5 Ibid.

6 Ibid., pp.8-10.

7 Ibid., p.10.

8 Ibid., p.11.

9 Ibid., pp.11-12.

10 Ibid., pp.13-14.

11 Ibid., p.14.

12 Ibid., pp.14-15.

13 Ibid., pp.17-18.

14 Ibid., p.19.

15 Ibid., pp.19-20.

16 Ibid., pp.20-21.

17 Tang Tsou, *The Culture Revolution and Post-Mao Reforms: A Historical Perspective,* The University of Chicago Press, 1986, p.95.

18　Ibid., pp.97-98.

19　Ibid., pp.99-100.

20　Ibid., pp.101-102.

21　Ibid., p.102.

22　Ibid., pp.103-104.

23　Ibid., p.104.

24　Ibid., pp.104-105.

25　Ibid., pp.106-107.

26　Ibid., p.107.

27　Ibid., pp.108-109.

28　郭華倫，〈論中共之派系〉，台北，《匪情月報》第 22 卷第 12 期，頁 9-10。

張亞中、李英明／主編　　　　　　　　亞太研究系列 25

中國研究：實踐與反思

作　　　者／李英明
出 版 者／生智文化事業有限公司
發 行 人／宋宏智
執行編輯／李鳳三
登 記 證／局版北市業字第 677 號
地　　　址／台北市新生南路三段 88 號 5 樓之 6
電　　　話／(02)2366-0309
傳　　　真／(02)2366-0310
E-mail ／ book3@ycrc.com.tw
網　　　址／ www.ycrc.com.tw
郵政劃撥／ 1973535　葉忠賢
印　　　刷／科樂印刷事業股份有限公司
法律顧問／北辰著作權事務所　蕭雄淋律師
ＩＳＢＮ／ 957-818-778-5
初版一刷／ 2006 年 2 月
定　　　價／新臺幣 250 元

總 經 銷／揚智文化事業股份有限公司
地　　　址／台北市新生南路三段 88 號 5 樓之 6
電　　　話／(02)2366-0309
傳　　　真／(02)2366-0310

國家圖書館出版品預行編目資料

中國研究：實踐與反思 ＝China studies :
practice & reflection / 李英明著. --
初版. -- 臺北市：生智，2006[民 95]
　　面；　公分. --（亞太研究系列；25）
參考書目：面

ISBN 957-818-778-5（平裝）

1.中國研究－論文,講詞等

574.107　　　　　　　　　　　95001932